Erzpriester Robert Rapljenović

ATHONITISCHE
SPIRITUALITÄT

AF235909

Bibliografische Information der Deutschen Nationalbibliothek: Die
Deutsche Nationalbibliothek verzeichnet diese Publikation in der
Deutschen Nationalbibliografie; detaillierte bibliografische Daten
sind im Internet über dnb.dnb.de abrufbar.

Herstellung und Verlag: BoD – Books on Demand, Norderstedt

ISBN: 978-3-7568-2854-8

Erzpriester Robert Rapljenović

ATHONITISCHE
SPIRITUALITÄT

Jesusgebet, noëtische Methode und
hesychastische Anthropologie

Eichstätt

2022

Inhalt

Einleitung 9

I. Das Gebet 26

1. Grundhaltungen 28

   1.1 Wachsamkeit 28

   1.2 Askese 29

2. Systematik 33

   2.1 Eigene Schwächen erkennen 33

     a) Genusssucht 36

     b) Habsucht 37

     c) Geltungssucht 38

   2.2 Die drei Stufen 40

     1. Stufe: Reinigung des Herzens 42

     2. Stufe: Erleuchtung des Nous 46

     3. Stufe: Theosis – Vergottung 50

     Exkurs: Deutungen der drei Stufen 56

   2.3 Dynamik der Gnade 62

   2.4 Kriterien geistlichen Fortschritts 67

3. Geist ins Herz bringen 69

   3.1 Göttliche Liturgie 70

   3.2 Andere Gebete 73

   3.3 Jesusgebet 78

   3.4 Noëtisches Gebet 80

4. Noëtische Methoden 84

  4.1 Fünf-Punkte-Methode 85

    1. Annahme 86

    2. Danken 86

    3. Gebet... 87

    4. Selbstanklage.. 87

    5. Keine äußeren Anzeichen........................... 88

  4.2 Indirekte Angriffe 89

  4.3 Versuchung durch die eigene Stärke.......... 93

5. Das Herz öffnen.. 96

  5.1 Beten *de profundis* 97

  5.2 Unter Tränen beten 100

  5.3 Ein brennendes Herz 102

6. „Betet allezeit und lasst nicht nach!".............. 103

  6.1 Beharrlichkeit.. 103

  6.2 Das Typikón 105

    a) Allgemeines Typikon 106

    b) Gebetstypikon 106

    c) Geistige Lesung 107

    d) Alltagsarbeiten 109

    e) Leben als Gebet 109

  6.3 Der Rote Faden 110

  6.4 Philomartyria 111

II. Noëtische Übungen 113

   1. Jesusgebet 114

   2. Noëtische Aufmerksamkeit 115

   3. Das Herz öffnen 117

   4. Noëtische Bibelbetrachtung 119

   5. Ikone mit geschlossenen Augen betrachten 122

   6. Fünf-Punkte-Methode 124

   7. Indirekte Angriffe 126

   8. Versuchung in der eigenen Stärke 128

III. Noëtischer Irrtum 129

   1. Ungehorsam 129

   2. Laxismus 133

   3. Rigorismus 136

   4. Philetismus 137

   5. Kleine Dinge 140

IV. Hesychastische Anthropologie 143

   1. Positive Anthropologie 149

      1.1 Nous – Das Auge der Seele 151

      1.2 Biologie 152

      1.3 Sinne 156

      1.4 Ratio (diánoia) 161

      1.5 Emotionen 170

1.6 Phantasie.. 174

1.7 Memoria 177

1.8 Nochmal: Nous *in der Welt*....................... 177

1.9 „Nur eines ist notwendig"......................... 180

2. Negative Anthropologie 181

2.1 Das geistige Herz 185

2.2 Trennung von Nous und Herz.................. 187

2.3 Sünden und Leidenschaften 189

2.4 Logismoí 195

2.5 Gnade Gottes: Sakramentales Leben 199

2.6 Orthodoxie: Kompass zum Herzens........ 202

2.7 Theanthropos: Person werden.................. 206

3. Metánoia: Um-Denken 209

Glossar..211

Einleitung

Der Mensch sucht Glück in seinem Leben – doch was dieses Glück ist, darüber herrscht Unklarheit. Der byzantinische Theologe Nikolaos Kabasilas († nach 1391) findet eine schöne Antwort darauf: *Die Herzen der Menschen sind groß genug erschaffen worden, um, gleich einem Schatzkästchen, Gott selbst in sich aufnehmen zu können.*[1] Neben der körperlich-psychischen Wirklichkeit des Menschen gibt es eine geistige Wirklichkeit, die wir zusammen Seele nennen und die über die geschaffene Welt hinausweisen zu scheint. Der Leib ist relativ leicht in seinen Ansprüchen zu befriedigen, weitaus schwieriger ist es, die Seele (gr. *psychê*) des Menschen zu erfüllen. Sinnliche Genüsse, materieller Besitz oder machtbewusste Geltung – sie bleiben jeweils kurzzeitige Höhepunkte, die bald nach erneuter und gesteigerter Befriedigung rufen. Egal was wir in das menschliche Herz hinein tun, da es unendlich groß ist, bleibt immer eine unendlich große Leere übrig. Das unendlich große Herz des Menschen muss mit etwas unendlich Großem ausgefüllt werden: mit Gott selbst. Aber wie soll das geschehen?

---

1 Nikólaos Kavásilas: *Leben in Christo*, 2.E.

Viele Menschen stellen sich diese Frage erst gar nicht. Das Leben hält sie davon regelrecht ab. Zerstreuung und Zerrissenheit sind Grunderfahrungen des Menschen. Daneben ist eine wichtige Grunderfahrung das Scheitern, die Sünde. Die Sünde verwundet uns, und wir verwunden durch die Sünde andere. Etwas geschieht mit unserer Seele dadurch: ein Herz aus Stein entsteht, vernarbt durch Verletzungen der Sünde. Gibt es Rettung und Heilung?

Die Antwort auf diese Fragen ist die „Gute Nachricht" (gr. *evangélion*) Jesu Christi: Es gibt Heilung von jeder Verletzung der Seele, alle Fesseln, die uns unfrei machen, können gelöst werden, unser Herz kann vollständig erfüllt sein und der Mensch vermag sein dauerhaftes Glück zu finden – und das alles jetzt und hier. Das Reich Gottes ist schon da: der Heilige Geist wartet in unserem Herzen auf uns, dass wir ihn in der Zerstreuung und Zerrissenheit dieser Welt finden und uns mit Gott vereinen. *Theosis* – Gott ist Mensch geworden, damit der Mensch Gott wird. Der Weg zum Glück wird aber im Gebet beschritten. Meister des Gebets sind die Mönche des Heiligen Berges Athos, die uns Hilfe und Wegweiser sein können.

Der Heilige Berg Athos fasziniert die Menschen seit über tausend Jahren. Die Mönche leben in Abgeschiedenheit und Stille, nicht selten unter großen Entbehrungen, ohne Strom und fließend Wasser, und scheinen geradezu ein Gegenbild zur schnellen, geschäftigen und bequemen „Welt" zu sein. Sie scheinen *etwas* gefunden zu haben, was sie erfüllt und glücklich macht. Dieses Geheimnis der Mönche verbirgt sich hinter der athonitischen Spiritualität und kann auch von Menschen „in der Welt" gefunden werden. Das Mönchtum ist keine Weltflucht, sondern will den Menschen einen Weg zu einem erfüllten Leben weisen. Das Mönchtum allgemein und der Heilige Berg Athos im Besonderen haben einen wahren Schatz anzubieten, der auch modernen Menschen Orientierung und Halt geben kann. In der heutigen orthodoxen Kirche erfreut sich die athonitische Spiritualität größter Beliebtheit und scheint gerade dem modernen Menschen zuzusagen.

Die autonome Mönchsrepublik Athos im Norden Griechenlands wird seit dem 9. Jahrhundert von Mönchen bewohnt und konnte seine Bedeutung für das geistliche Leben der orthodoxen Kirche durch die Zeiten immer weiter steigern, sein geistliche Erbe in die heutige Zeit hinein bewahren und immer wieder weiterentwickeln. So verwundert es kaum, dass die über zwanzig großen Klöster, die unzähligen kleine-

ren Skiten und Einsiedeleien – und insbesondere die
Mönche darin – aus der Welt entrückt erscheinen. So
gilt – fast um diesen Umstand zu unterstreichen – einzig noch auf dem Heiligen Berg die byzantinische Zeit-
rechnung, nach der sich die Gebetszeiten der Mönche
richten. Tag und Nacht sind durchzogen von einem
goldenen Faden des Gebets. Das Simandron, die höl-
zerne Stundentrommel, ruft die Mönche immer wieder
in die Kirche zum gemeinsamen Stundengebet zusammen, die Göttliche Liturgie bildet den Mittelpunkt des
Tages und in der übrigen Zeit, während der einfachen
Arbeiten und der Nachtwachen, haben die Mönche das
Jesusgebet unaufhörlich auf ihren Lippen.

Der Vorteil der athonitischen Spiritualität ist ihre
Einfachheit. Der moderne Mensch hatnicht selten
Schwierigkeiten, die alte Sprache der Kirche zu verstehen und althergebrachte Frömmigkeitsformen zu
leben. Sie erscheinen „veraltet" und man findet keinen Zugang zu ihnen. Vielleicht könnte es aber auch
sein, dass der Mensch heute „schneller" lebt und damit
notwendigerweise mit seinem Geist nicht mehr in die
Tiefe eindringen und keine Zeit mehr für sich finden
kann. Die Einfachheit der athonitischen Spiritualität
kann hier eine Chance für den Menschen von heute
sein. Das Jesusgebet, das im Mittelpunkt der athonitischen Spiritualität steht, ist das einfachste Gebet der

Kirche und kann im Alltag leicht und für jeden Menschen individuell integriert werden. Die noëtischen Methoden sind einfache Richtlinien der Kirchenväter für das geistige Leben, die auch komplexe Lebenssituationen plötzlich aufklären und zu einer Lösung führen können. Dieses Buch gibt eine praktische Einführung in die athonitische Spiritualität für Menschen, die in der Welt leben. Die Systematik stammt vom Athosmönch Naum Ilievski, dem heutigen Metropoliten von Strumica (Nordmazedonien). Sie geht weit über Einzelwerke einzelner Altväter (gr. *gerontas*, slaw. *starez*) hinaus und ist sowohl praktisch als auch theologisch von höchster Bedeutung. Im Folgenden soll deshalb kurz die athonitische Spiritualität der neuesten Zeit kurz eingeordnet werden.

Dass in diesem Buch von *der athonitischen Spiritualität* gesprochen wird, ist nicht selbstverständlich. Im Gegenteil: Man wird einwenden können, dass der christliche Osten keine Systematik kennt und sehr viel vom einzelnen geistlichen Vater abhängt, der den Gläubigen sehr individuell begleitet. So erstaunt es nicht, dass es viele individuelle Reiseberichte über den Athos gibt und damit ein Einblick in die Spiritualität des Heiligen Berges gegeben wird. Tatsächlich findet sich die Spiritualität in ihrer ganzen Breite und Tiefe jedoch in den einzelnen Sammlungen von oder über geistliche

Väter. So gibt es die klassische Sammlung Philokalia (dt. *Liebe zum Schönen*), die eine breite Auswahl der monastischen Väterliteratur (4. bis 15. Jh.) bietet und auch heute noch zum Grundstock geistlicher Lesung auf dem Athos gehört. Neben einzelnen bedeutenden geistlichen Vätern des ersten Jahrtausends (wie Makarios der Große, Johannes Klimakos, den Drei Kappadokier, Symeon des Neuen Theologen) werden aber auch geistliche Väter der späteren Epochen und bis in die Gegenwart hinein gerne gelesen und rezipiert. So erfreuen sich gerade Väter des 20. und 21. Jahrhunderts großer Beliebtheit und stehen zugleich für eine heute lebbare und aktualisierte Spiritualität. Durch einige große athonitische Altväter wurde die einfache und doch faszinierende Spiritualität vom Heiligen Berg in die Welt hinein getragen.

Einer der ersten geistlichen Väter, der die athonitische Spiritualität bewusst der Welt eröffnen wollte, war *Altvater Sophroni Sacharow* (1896–1993), der von 1925 bis 1947 auf dem Athos lebte und ein geistliches Kind von *Altvater Siluan Antonow* (1866–1938) war. Er ging nach Paris und veröffentlichte dort die bedeutendste Biografie seines Gerontas und machte ihn nicht nur

Orthodoxen bekannt. Christen weltweit begannen, den Athos und die dortige Spiritualität als eine enorme Bereicherung wahrzunehmen. 1959 ging Altvater Sophroni nach England und gründete im *Kloster zum Johannes des Täufers in Tolleshunt Knights (Essex)* eine Klostergemeinschaft mit athonitischer Spiritualität. Charakteristisch ist hier die große Bedeutung des Jesusgebets, das nicht nur im privaten Gebet der Mönche eine Rolle spielt, sondern auch das Stundengebet substituieren kann. Sophroni wurde über Essex hinaus bekannt und verbreitete nicht nur in den englischsprachigen Ländern Großbritannien und Amerika die athonitische Spiritualität, sondern auch darüber hinaus. Seine Heiligsprechung 2019 hat noch einmal die Bedeutung seines Klosters in Essex gesteigert und heute gilt es als wichtiger Sitz der Spiritualität des Heiligen Berges in Westeuropa.

In den 1960er Jahren war das Mönchtum in Griechenland – auch auf dem Athos – in einer Krise. So sammelten sich um *Altvater Aimilianos Vafidis (1934–2019)* zuerst in den berühmten Meteora Klöstern eine männliche und eine weibliche Klostergemeinschaft, deren Ziel „die Rettung der Seele, die Vollendung, die erhebt und Gott gefällt, und die Vergottung" war. Anfang der 1970er Jahre zogen die Mönche auf den Athos und belebten das *Kloster Simonos Petras* neu. Die

Schwestern konnten nicht auf den Athos folgen, da auf dem ganzen Heiligen Berg eine strenge Klausur gilt und Frauen folglich das Betreten nicht erlaubt ist. Um ihrem geistlichen Vater Aimilianos nahe sein, zogen sie in ein Wirtschaftsgut (gr. *metóchion*) des Kloster Vatopedi und gründeten unweit des Athos der heute berühmteste Frauenkonvent mit athonitischer Spiritualität: das *Kloster Mariä Verkündigung in Ormylia*. Das Kloster Ormylia wird als weiblicher „Athos" angesehen und öffnete die Spiritualität ihres Gerontas für die übrige Welt. Insbesondere die Publikationen des Klosters nehmen eine bedeutende Rolle dabei ein. Diese Führungsrolle der weiblichen Konvente in der Verbreitung der Athos-Spiritualität ist bei vielen bekannten Altvätern zu beobachten.

Ein weiterer wichtiger Vertreter athonitischer Spiritualität der Gegenwart ist *Altvater Païsios Eznepidis* (1924–94). Anders als die anderen genannten Väter hat Gerontas Païsios nicht bewusst eine Ordensgemeinschaft außerhalb des Athos gegründet. Vielmehr zwang ihn 1966 eine schwere Lungenoperation, den Athos zeitweise zu verlassen. Während seines Genesungsaufenthalts im *Frauenkloster des Johannes des Theologen in Souroti* entstand eine enge geistliche Verbindung mit dem Konvent. Im gleichen Kloster wohnte er während seiner letzten schweren Krankheit (1993), starb dort und fand im Kloster seine letzte Ruhestätte. Schon vor der Heiligsprechung (2015) wurde der Konvent zur Pilgerstätte, da Schriften von und über Païsios große Beachtung in der Welt fanden. Obwohl nie beabsichtigt, wurde Gerontas Païsios für viele Christen zum Inbegriff eines athonitischen geistlichen Vaters. Nicht nur die vielen Besuche auf dem Heiligen Berg selbst, bei denen Païsios ein herausragender Ratgeber war, sondern gerade seine von der Schwesternschaft herausgegebenen Schriften sind dafür nicht unerheblich.

Ein wichtiger Vertreter – nicht nur für Amerika, sondern für die athonitische Spiritualität überhaupt – wurde *Altvater Ephraim Moraïtis* (1928–2019). Seine Bedeutung ist, ähnlich wie bei Altvater Sophroni, an zwei Punkten festzumachen. Zum einen war er ein geistliches Kind von *Altvater Joseph dem Hesychasten* (1897–1959), der 2020 heiliggesprochen wurde und noch zu Lebzeiten ein bedeutender geistlicher Vater des Athos war. Ephraim wurde nach dem Tod Joseph des Hesychasten sein Nachfolger als Gerontas und leitete die Klostergemeinschaft erfolgreich weiter. Zum anderen knüpfte Gerontas Ephraim schon früh Kontakte zum Westen. Noch 1979 besuchte er zum ersten Mal Amerika und fing ab Ende der 1980er Jahre an, verschiedene Konvente in den Vereinigten Staaten und Kanada zu gründen. Bis heute sind 19 Konvente in

Amerika tätig, darunter ist das von Ephraim gegrün-
dete *Kloster des Antonius des Großen in Sonoran Desert
in Arizona* das berühmteste und das größte orthodoxe Kloster im Westen. Seine Biografie über Gerontas
Joseph den Hesychasten und sein eigenes Wirken in
Amerika machten die athonitische Spiritualität in den
amerikanischen Kirchen zu einem festen Bestandteil
und das Kloster in Arizona zu einem amerikanischen
„Athos".

Jeder dieser geistlichen Väter aus unserer Zeit hat
das athonitische Erbe aktualisiert und neu ausgedrückt.
Zu beachten ist bei der Lektüre der hinterlassenen
Schriften, Briefe und Ratschläge, dass diese damals in
einem bestimmten Kontext entstanden sind und dieser
heute nicht immer klar ist. Der Altvater kannte die Person, der er den Ratschlag gab, und dieser Person war
dieses Wort zu einem bestimmten Zeitpunkt in ihrer
geistlichen Entwicklung gegeben worden. Darum ist
Vorsicht geboten und die Ratschläge können nicht me-
chanisch auf jede andere Person und Situation angewendet werden. Von den genannten großen Altvätern
hinterließ niemand eine Systematisierung der athonitischen Spiritualität, die bei der Einordnung helfen
könnte. Dennoch ist die Erfahrung dieser großen Väter
ein wertvoller Schatz und die Lektüre ihrer Schriften

jedem zu Empfehlen. Einen persönlichen geistlichen Vater sollten sie aber nicht ersetzen.

Nicht nur pastoral-monastisch, sondern auch theologisch fand im Bezug auf den Heiligen Berg eine bedeutende Entwicklung statt. Der amerikanisch-griechische Theologe *John S. Romanides* (1927–2001) forderte eine radikale Rückbesinnung auf den vermeintlich wahren Kern der Orthodoxie und sah diesen gerade in der athonitischen Spiritualität bzw. der hesychastischen Theologie des Gregorios Palamas, die theologisch den Athos kennzeichnet. Romanides politisierte hesychastische Theologie – ein interessantes Thema für sich –, insbesondere mit dem Wunsch sich vom Westen abzugrenzen und die griechische Identität zu festigen. Auch wenn er in seinen politischen Ambitionen an Bedeutung verloren hat, so hat seine Bevorzugung des Heiligen Berges und seine simplifizierende Theologie durchaus Spuren hinterlassen. So ist seine Eingrenzung des Heiligungsdienstes der Kirche als Heilungsdienst bzw. als eine „Psycho"-Therapie („Seelen"-Heilen) zu einem populärem und akzeptierten Motiv in der orthodoxen Pastoral geworden und hat nicht wenigen modernen Menschen wieder Zugang zur Kirche ermöglicht. Der renommierte *Philosoph Christos Yannaras* (* 1935) gehört heute zu den bedeutendsten Vertretern dieser „Neuen Orthodoxie".

Theologisch ist hingegen vor allem *Metropolit Hierotheos Vlachos* (* 1945) *von Nafpaktos* und seine Orthodoxe Psychotherapie, die er in einem breiten Opus entwickelt hat, hoch geschätzt. Er gilt heute als einer der wichtigsten Theologen der orthodoxen Kirche, auch wenn die Amtskirche immer noch Schwierigkeiten mit den Engführungen der „Neuen Orthodoxie" hat. Vlachos gilt als einer der neuathonitischen Theologen, die den Heiligen Berg in seiner Bedeutung für die ganze Kirche immer wieder hervorheben.

Metropolit Hierotheos hat theologisch herauszuarbeiten versucht, dass der Dienst der Kirche vor allem ein *heilender* Dienst sei. Das geistliche Leben – als Idealform bei den Mönchen des Heiligen Berges – soll die Seele heilen. Der geistige Vater ist für ihn ein Arzt der Seelen. Er hat theologisch eine bedeutende Studie zu den zentralen Begriffen athonitischer Theologie und Spiritualität, wie Geist bzw. Denken (gr. nous), Ratio bzw. Intellekt (gr. diánoia) und geistiges Herz, geleistet. Darüber hinaus untersucht er Begriffe und Konzepte athonitischer Spiritualität in der Heiligen Schrift und bei den Vätern.

Bedeutend für die athonitische Spiritualität aus theologischer Sicht ist auch der französische *Theologe*

Jean-Claude Larchet (*1949). Er hat selbst engen Kontakt mit den oben genannten athonitischen Vätern im Westen gehabt und hat seinerseits daraus eine Therapie der geistlichen Krankheiten entwickelt.

Neben Hierotheos Vlachos und Jean-Claude Larchet ließen sich noch zahlreiche ähnliche Ansätze „Orthodoxer Psychotherapie" nennen. Allerdings ist allen genannten Ansätzen das Fehlen einer umfassenden Systematik eigen.

Fast unbemerkt hat sich Ende der 1990er Jahre und Anfang des 21. Jahrhunderts eine der bedeutendsten Entwicklungen im Bereich athonitischer Theologie und Spiritualität ereignet. Im Jahr 1995 wurde der Athosmönch *Naum Ilievski zum Metropoliten von Strumica (Nordmazedonien)* eingesetzt, auch um das zum Erliegen gekommene Mönchtum in Nordmazedonien zu erneuern. Der spätere Metropolit war noch in den 1980er Jahren auf den Athos gegangen und wurde Mönch im *Kloster Grigoriou* unter der Leitung von *Altvater Grigorios Kapsanis* (1935–2014). Letzterer schätzte John Romanides und war befreundet mit Metropolit Hierotheos Vlachos. Im Studium der geistlichen Väter gelang Naum Ilievski eine Systematik, die sich wesentlich von den theologischen Entwürfen anderer Autoren unterscheidet. Schlüsselmoment ist seine konsequente psychologische Differenzierung von Geist *(nous)* und Intellekt *(diánoia)*, die zwar auch schon früher geschah (bspw. schon bei Aristoteles und begrifflich zumindest auch bei Vlachos), nicht aber im Hinblick auf die klar zentrale Rolle der Heilung des Nous in den klassischen *drei Stufen der Reinigung, Erleuchtung und Theosis*. Anders als andere Theologen schaffte er es, den Prozess des geistlichen Lebens auf den einzelnen Stufen differenziert zu beschreiben, was eine bessere Orientierung auf dem geistlichen Weg ermöglicht. Zudem entwickelte er eine einfache *noëtische Methodologie*, die die praktische Anwendung athonitischer Spiritualität leicht zugänglich macht.

„Athonitisch" ist die Spiritualität und Theologie von Metropolit Naum nicht nur, weil sie von einem athonitischen Mönch formuliert, sondern auch in den von ihm erneuerten nordmazedonischen Klöstern weiterentwickelt wurde. Diese Klostergemeinschaften sind bewusst nach athonitischen Muster gegründet. Die Systematik der Väterlehre und die Methoden im geistlichen Leben wurden ganz praktisch in der geistlichen Begleitung zahlreicher monastischer Brüder und Schwestern, die Altvater Naum begleitete, weiterentwickelt und präzisiert. Ihm gelang es tatsächlich, das

Mönchtum in der Makedonisch-Orthodoxen Kirche wiederzubeleben und viele junge Menschen (sogar aus umliegenden Ländern und Kirchen) für athonitische Spiritualität zu begeistern. Der sichtbare Erfolg liegt ohne Zweifel an der herausragenden Systematik und Methodik dieser modernen athonitischer Spiritualität. Diese Spiritualität sollte aus den Klöstern auf die umgebenden Städte und das Leben der modernen Menschen einwirken, und zwar, nach Metropolit Naum, ähnlich „wie Leuchttürmen den Schiffen auf hoher See Orientierung geben".

Die entwickelte Systematik ist darüber hinaus aber auch ein *hermeneutischer Schlüssel zum Verständnis der Väterliteratur*. Die klare Differenzierung der noëtischen Begriffe und Methoden, die auf den einzelnen Stufen verschiedene Formen annehmen, ermöglichen es, die teils sich widersprechenden Vätersprüche einzuordnen.

Das vorliegende Buch will eine praktische Anleitung zur athonitischen Spiritualität geben. In dieser Form lebt und gibt der Autor die athonitische Spiritualität seit 2010 weiter. Durch die Erfahrung geistlicher Begleitung hat er in einigen Bereichen eigene Erweiterungen vorgenommen: Anpassungen der monastischen Spiritualität an das Leben von Menschen in der Welt, Dynamik der Gnade, Verständnis der Sakramente und des Stundengebets, konkrete Ausgestaltung des Alltags, grafische Darstellung noëtischer Prozesse, hesychastische Anthropologie u. dgl.

Der normale Leser kann einfach dieser Einführung ins Gebet folgen und die dazugehörigen Übungen selbst erproben. Theologen hingegen sollten vorsichtig sein: Athonitische Spiritualität verwendet zahlreiche Begriffe, die insbesondere in westlicher Theologie zum Teil ganz anders verwendet werden oder schon vorgeprägt sind. Daher ist darauf zu achten, dass hier die Begriffe in einem neuen Sinn definiert. Man könnte aber auch sagen, dass sie in einem recht einfachen und ursprünglichen Sinn, wie es zur Zeit der Wüstenväter noch war, verwendet werden.

Dem Leser sei geraten, keine Angst vor ungewohnten Begriffen zu haben. Gerade das Kennenlernen neuer Begriffe (oder ein neuer Zugang zu den schon bekannten) demystifiziert geistliches Leben und ermöglicht es, bewusster und erfüllter zu leben. Man wird sich rasch an wichtige neue Ausdrücke gewöhnen, wie *nous* für den menschlichen Geist bzw. das bewusste Denken des Menschen („das Ich") oder *diánoia* für das rationale oder logische Nachdenken, das der Nous manchmal vollzieht. Ohne diese präzisen Begriffe können wir das menschliche Denken und Handeln – aber vor allem auch das Gebet – nicht richtig verstehen. Gerade das

Gebet wird nicht als „zu sprechender Text" verstanden, sondern als neuer Lebensstil. Daher verwenden wir den Ausdruck *noëtisches Gebet*, das ausdrücken soll, dass Gebet ein Akt des Geistes *(nous)* ist. Das bewusste Denken des Menschen, der Nous, sollte im Alltag nicht unbewusst in der Welt umherschweifen, sondern in der Mitte der Seele (im *geistigen Herzen*) ruhen. Dieses Ruhen *(Hesychia)* des Geistes ist der Kern athonitischer Spiritualität. Im Folgenden wird die Einübung in eine solche noëtische Lebensweise vorgestellt. Im letzten Teil des Buches findet sich für die theologisch Interessierten, die tiefer in das Verständnis menschlichen Denken und Handelns eintauchen wollen, eine *hesychastische Anthropologie* kurz skizziert. Dort finden sich auch Literaturangaben zu den genannten Vätern und weitere Empfehlungen zur geistlichen Lesung.

I. Das Gebet

Der hl. Apostel Paulus mahnt: *Seid allezeit fröhlich und betet ohne Unterlaß und seid dankbar in allen Dingen!*[2] Die geistige Nüchternheit (gr. *nêpsis* – auch: Wachsamkeit) und das immerwährende Gebet sind die von Christus selbst vorgelebte und allen Christen aufgetragene Lebensweise.[3] Wie das Atmen den Leib am Leben hält, so wird die Seele des Menschen erst durch das Gebet in ihrer Tiefe lebendig. Das Gebet beschränkt sich nicht allein auf das Aussprechen bestimmter Texte oder das Dialogisieren mit Gott, vielmehr geht es um das Sich-Hineinstellen in die Gegenwart des Herrn. Der Geist *(nous)* soll in seinem ganzen Leben und jeder Tätigkeit – sei sie auch noch so gewöhnlich – im Heiligen Geist ruhen. Die Väter nennen dies „den Geist *(nous)* ins geistige Herz bringen". Das noëtische Gebet besteht aus einzelnen Grundhaltungen *(Wachsamkeit, Askese)* und kann in einer *Systematik* zusammengefasst werden, die hilft den eigenen Fortschritt zu überprüfen und entsprechende Anpassungen vorzunehmen. Zentral ist dabei auch das Gebet im engeren Sinn, insbe-

---

2 1 Thess 5,16ss.

3 Lk 21,36. Christus fordert seine Jünger auf, dass *sie allezeit beten und darin nicht nachlassen sollen.* (Lk 18,1)

sondere das Jesusgebet. Besonders hervorzuheben sind an dieser Stelle verschiedene *noëtische Methoden*, die beschreiben, wie im alltäglichen Leben das Jesusgebet eingebettet werden kann. Diese Praxis des noëtischen Gebets ist einzigartig in ihrer Systematisierung durch Metropolit Naum Ilievski und ordnet die nebeneinanderstehenden Methoden der athonitischen Spiritualität in ein verständliches und einfaches Lebenskonzept. Zwei Herausforderungen sind dabei zu meistern: Erstens darf das Gebet nicht zur Routine werden und oberflächlich werden. Es muss im Gegenteil zunehmend aus der Tiefe des Herzens, *de profundis* – wie der Psalmist sagt –, kommen. Zweitens muss der Lebensvollzug selbst zum Gebet werden. Dies erfordert eine noëtische Lebensweise auf verschiedenen Ebenen, damit durch das Alltagsleben ein *immerwährendes Gebet* verwirklicht wird, aber auch eine bewusste Selbstdisziplin.

Diese Elemente der noëtischen Gebetsmethode sollen in den folgenden Abschnitten vorgestellt werden.

1. Grundhaltungen

1.1 Wachsamkeit

Das noëtische Gebet steht zunächst auf dem Grund der geistigen Nüchternheit. Der Geist *(nous)* sollte nicht unbewusst und spontan leben, sondern sich selbst bewusst beobachten. Das Ziel ist hierbei, möglichst schnell zu merken, wenn Gedanken *(logismoí)* eingegeben werden, um diese auf ihre Wirkung in der Seele zu prüfen. Welche Gefühle, Gedanken, Erinnerungen, Körperregungen werden evoziert? Sind die Gedanken eventuell nicht vom guten Geist oder mir? Wollen sie Böses in meinem Herz erwecken? Nähren sie vielleicht sogar Leidenschaften, die ich gut kenne und gegen die ich lange schon ankämpfe?

Es ist eine wahre Freude, wenn der Geist bemerkt, dass böse Gedanken eingegeben wurden! Nicht Trübsal oder Angst soll einen dann erfüllen, sondern das freudige Bewusstsein, dass nun eine Möglichkeit – endlich! – geboten wird, den bösen Gedanken zusammen mit Christus zu widerstehen. Hier ist der asketische, „sportliche" Ehrgeiz zu wecken, den eigenen Geist immer *näher zu Christus* zu lenken. Denn nicht das Ankämpfen gegen die Gedanken führt zum Erfolg, sondern die Nähe zu Christus und zu seiner Gnade.

Hinter dem Versuch, gegen die Gedanken und Versuchungen selbst ankämpfen zu können, steckt das *posse sine peccato esse*[4] der Pelagianer, das dem Wirken des Heiligen Geistes zu wenig Raum gibt. Sucht man jedoch die Nähe Christi, reinigen seine göttlichen Energien unseren Geist *(nous),* und das Widerstehen gegen die Gedanken des Bösen wandelt sich von einem *asketischen* Willenskampf hin zu einer *gnadenhaften* Leidenschaftslosigkeit *(apátheia).* Zentral ist jedoch die noëtische Nüchternheit bzw. Wachsamkeit *(nêpsis)* des Geistes *(nous).*

1.2 Askese

Hier zeigt sich auch die herausragende Rolle der körperlichen Askese. Das Wort *Askese* bezeichnet das *Training* des Geistes *(nous).* Die ganzheitliche noëti-

---

4   Die Irrlehre der Pelagianer wird mit dem oben genannten Satz verkürzt wiedergegeben: *Es sei möglich* [allein durch den eigenen menschlichen Willen] *ohne Sünde zu sein.* Dies würde aber bedeuten, dass die göttliche Gnade zur Erlösung nicht nötig sei, sondern in der menschlichen Natur grundgelegt sei. Die auf den britannischen Mönch Pelagius († ca. 418/420) zurückgeführte Häresie bedeutet in etwa, dass der Geist *(nous)* ohne die reinigenden, erleuchtende und vergottenden Energien Christi die Theosis erreichen könne, weil ihm diese Energien selbst eigen seien.

sche Wachsamkeit des Geistes umfasste den Nous in allen Seelenbereichen. Da aber Seele *(psychê)* und Leib *(soma, sarx[5])* eins sind[6], hat die besondere Übung des Leibes eine nicht zu unterschätzende positive Rückwirkung auf die Seele und den Geist *(nous)*.

Der Mensch ist nicht immer mehr glücklich und zufrieden, je mehr er körperlich konsumiert, sondern das Gegenteil tritt ein. Da er ein sich selbst regulierendes Wesen ist, führt der ständige oder gar steigende Genuss zu einer Anpassung daran. Die zunehmend aggresivere Gewalt und die unmenschliche Pornografie sind ein klares Warnsignal, dass die westliche Kultur in eine gefährliche und menschenverachtende Abwärtsspirale der Selbstbefriedigung geraten ist. Das sich selbst regulierende Wesen des Menschen schützt ihn, kann ihm aber auch schaden. Die Funktion des

---

5 In der Theologie wird Leib üblicherweise allein mit *soma* übersetzt, als beseelter Körper *(sarx)*. Allerdings ist der menschliche Körper *(sarx,* dt. Fleisch) immer beseelt und deshalb gibt es tatsächlich keinen Unterschied zwischen ihnen. In der theologischen Verwendung ist aber in unserem Kontext meistens tatsächlich von *sarx* die Rede, da uns ja der (biologische) Körper in seiner Wechselwirkung mit den Seelenkräften interessiert.

6 Zum drohenden Dualismus von Seele und Leib, vgl. John S. Romanides: Man and his True Life, According to the Greek Orthodox Service Book, in: *The Greek Orthodox Theological Review*, Vol. 1, Nr. 1 (1954), 63-83.

sich selbst regulierenden Wesens des Menschen ist im geistigen Leben wichtig, zu verstehen. Der Vergleich mit dem Sehen in der Dunkelheit und dem Verlust der Sehstärke, nachdem man in ein helles Licht geschaut hat, zeigt diese Adaption beispielhaft. Die Augen brauchen nämlich einige Augenblicke, um sich wieder an die Dunkelheit zu gewöhnen.

Neben der andauernden noëtischen Wachsamkeit ist es notwendig in bestimmten Abständen *zu fasten:* um sich noëtische neu auszurichten, neu zu kalibrieren. Der freiwillige, nicht aufgezwungene Verzicht auf Konsum ergibt eine noëtische Stille (gr. *hêsychía* – Ruhe, Stille). In dieser inneren Stille findet der Geist *(nous)* Ruhe und kann leichter das Herz suchen und vermag, wenn er es schon gefunden hat, im Licht Christi zu verweilen. Die noëtische Stille ist also nicht primär eine hörbare Stille, sondern eine umfassende Stille aller Seelenbereiche. Der Körper enthält sich primär der Nahrung und anderen Genüssen, und die Sinne verzichten auf zu viele *ablenkende* Eindrücke. Dies gilt aber nicht für noëtisch vorteilhafte Sinneseindrücke, wie die byzantinische Kirchenmusik, die Ikonen, den Weihrauch u. dgl. Aber auch andere schöne, geisterfüllte Künste, Musik und natürlich die gottgeschaffene Naturschönheit wirken positiv auf den Geist. Die Ratio und die

Emotionen sollten also genauso wie die Phantasie und Erinnerung Verzicht üben.

Während Mönche die Askese als Lebensform erwählt haben, sollten Christen in der Welt regelmässig und bewusst ein noëtisches Fasten halten. Die kirchlichen Fastenzeiten sind genau dazu bestimmt und geben ein gutes Maß vor. Natürlich ist auch hier jede Übertreibung zu meiden, weshalb mit dem geistigen Vater insbesondere die persönliche Gestalt der Askese abzustimmen ist. Jeder Mensch ist anders und deshalb muss auch die Askese zu ihm passen.

Es ist wichtig, daran zu denken, dass der Mensch im Paradies gerade gegen das Fastengebot verstoßen hat, als er gefallen ist. Die Askese und das Fasten gehören zum ursprünglichen und gesunden Menschsein dazu. Sie besagen keine Leibfeindlichkeit, sondern ganz im Gegenteil: das Ausleben der positiven Bedeutung des Körpers.

2. Systematik

Der Weg zu Gott ist so mannigfaltig wie die Menschen, die ihn gehen. Dennoch kann und muss der Weg differenziert betrachtet werden. Dies ist nicht nur durch die Gemeinsamkeit aller geistigen Wege gegeben, sondern eine Notwendigkeit, da einzelne noëtische Konzepte sich in den verschiedenen Phasen der Gottesnähe anders darstellen und dementsprechend einer anderen Reaktion bedürfen. So spielt bspw. der Gehorsam gegenüber dem geistigen Vater bei einem Anfänger im geistigen Leben eine gänzlich andere Rolle als bei einem erfahrenen Asketen.

2.1 Eigene Schwächen erkennen

Das Ziel des geistigen Lebens ist die Einheit mit Christus, die Theosis. Der *weltliche Mensch*, damit ist ein Mensch gemeint, der eben erst begonnen hat, den geistigen Weg zu beschreiten, und der an die Welt mit seinen Leidenschaften gefesselt ist, sieht nur sich selbst. Die Folge der ersten Sünde, des noëtischen Falls, ist eine zweifache Blindheit.

Zum einen ist der Mensch blind für seine eigenen Fehler und sieht *noëtisch kurzsichtig* nur seine Bedürfnisse wie auch die Ungerechtigkeit, die ihm angetan wird. Zum anderen ist der Mensch blind für die guten Seiten seiner Mitmenschen und sieht *noëtisch weitsichtig* auch die kleinsten Fehler und Unzulänglichkeiten beim anderen.

Durch die Trennung von Gott – der Mensch verlor in der ersten Schuld Adams sein *Heil-Sein*, bzw. *Ganz-Sein* – ist er auch noëtisch getrennt von seinen Mitmenschen. Er kann nicht ihr Herz sehen und sie nicht *wirklich* erkennen. Er sieht nur sich selbst und liebt nur sich. Die *Selbstsucht* ist der Zustand des noëtisch gefallenen Menschen. Diese Sucht wird zumeist bestimmt durch eine Hauptleidenschaft – den *Stachel im Fleisch*, den Paulus erwähnt[7]: Genusssucht, Habsucht oder Geltungssucht. Diese drei Kategorien der Selbstsucht erlebt auch Christus bei seiner eigenen Askese, nämlich am Ende seiner vierzig Tage Fasten in der Wüste, als der Satan ihn versucht.

Jesus, voll des Heiligen Geistes, kehrte vom Jordan zurück und wurde durch den Geist in der Wüste vierzig Tage umhergeführt und vom Teufel versucht. Und er

---

7 2 Kor 12,7: *Damit ich mich wegen der Besonderheit der Offenbarungen nicht überhebe, wurde mir ein Stachel ins Fleisch gestoßen: ein Engel Satans, der mich mit Fäusten schlagen soll, damit ich mich nicht überhebe.*

aß in diesen Tagen nichts. Als sie zu Ende waren, war
er hungrig.

Der Teufel sprach nun zu ihm: Wenn du Gottes Sohn
bist, sprich zu diesem Stein, dass er Brot werde. Und
Jesus antwortete: Es steht geschrieben: „Nicht vom
Brot allein lebt der Mensch, sondern von jedem Wort
Gottes."

Dann führte er Jesus auf einen hohen Berg und zeigte
ihm in einem Augenblick alle Reiche des Erdkreises.
Und der Teufel sprach zu ihm: Dir will ich all' diese Macht und ihre Herrlichkeit geben, denn mir ist
sie übergeben und ich gebe sie, wem immer ich will.
Wenn du dich vor mir niederwirfst und mich anbetest,
soll das alles dein sein. Und Jesus antwortete ihm: Es
steht geschrieben: „Du sollst den Herrn, deinen Gott,
anbeten und ihm allein dienen."

Daraufhin führte er Jesus nach Jerusalem, stellte ihn
auf die Zinne des Tempels und sprach zu ihm: Wenn
du Gottes Sohn bist, so wirf dich von hier herab, denn
es steht geschrieben: „Er wird seinen Engeln befehlen,
dass sie dich beschützen und sie werden dich auf ihren
Händen tragen, damit du deinen Fuß nicht an einen
Stein anstößt." Und Jesus antwortete ihm: Es ist gesagt: „Du sollst den Herrn, deinen Gott, nicht versuchen."

I. Das Gebet

Und als der Teufel jede Versuchung vollendet hatte, wich er für eine Zeit von ihm.

Lk 4, 1–13

Diesen Versuchungen widersteht Christus am Anfang seines Heilshandelns, also am Anfang des Weges der Kirche zu Gott. Es gilt nämlich die eigene dominierende Schwäche zu erkennen, um ihr im noëtischen Gebet widerstehen zu können. Die Versuchungen sind nicht immer offensichtlich, weshalb eine gute Kenntnis über die eigene schwache Seite unbedingt notwendig ist, um ihr besondere Aufmerksamkeit zu schenken.

Tatsächlich wird sich noch zeigen, dass auch der eigenen starken Seite im noëtischen Gebet besondere Aufmerksamkeit zu schenken ist.

a) Genusssucht

Die erste Sünde beginnt durch den Genuss. Die Selbstsucht ist durchdrungen von der Angst *zu kurz zu kommen* („Man lebt nur einmal!"). Darum nimmt sich der Mensch, was er kriegt. Er selbst will die Sucht befriedigen, er will sich nicht beschenken bzw. erfüllen lassen. So ist der Mensch genusssüchtig im sprichwörtlichen Sinn: *Sex, Drugs and Rock'n'Roll* – ein Bildwort der Postmoderne, das eine hedonistische Spirale von

„Fressen", „Saufen", Drogen, Sex, Erlebnislust u. dgl. umfasst. Diese Spirale führt jedoch niemals zur dauerhaften Erfüllung *(Glück* bzw. *Seligkeit)*, sondern zum besagten unstillbaren Durst nach immer mehr. Am Ende steht Enttäuschung und Tod.

b) Habsucht

Andere Menschen sind hingegen der *Habsucht* anheim gefallen. Gerade in der kapitalistischen Gesellschaft definieren sich nicht wenige über Äußerlichkeiten. Man versucht, mit Geld sich einen „Schatz" anzuhäufen, um etwas zu sein. Mit teurer Kleidung, Autos, Uhren, Handtaschen, Schuhen u. dgl. versucht man sich abzuheben von den Anderen. Die innere Leere im Herzen – anstatt sie mit Gott zu füllen – wird bspw. mit einem Lamborghini gefüllt. Nur um zu merken, dass nach drei Wochen auch dies, nur ein Auto ist. Und der unstillbare Durst nach mehr kommt wieder auf: Ein Ferrari, um im Beispiel zu bleiben, gibt Hoffnung, darin die Erfüllung zu finden. Egal wie materiell wertvoll und selten etwas ist, wie groß es dem Habsüchtigen erscheint, es vermag die unendliche Größe des Herzens – das Gott aufzunehmen vermag – nicht einmal ansatzweise zu füllen.

c) Geltungssucht

Tatsächlich sind Genusssucht und Habsucht typisch menschlich: nur der Mensch kann darin sündigen. Der Satan und die Dämonen, als reine Geistwesen – ohne Zugriff auf die materielle Welt –, können weder genießen noch besitzen. Die satanische und schlimmste Sündenart ist jedoch die *Geltungssucht*. So wurde der heilige Erzengel Michael der Größte aller Geistwesen, da er im Abfall der Dämonen in Geltungssucht in Demut ausrief: „Wer ist wie Gott?!" (hebr. *Mê kə ʾēl*) – und so seinen Namen bekam.

Tatsächlich ist das Kloster ein Ort, an dem durch äußere Bedingungen, wie bescheidene Lebensweise und Armut, sowohl der Kampf gegen Genuss- als auch Geltungssucht erleichtert werden soll, um den letzten Kampf gegen die Geltungssucht zu konzentrieren. Aber die Geltungssucht erweist sich als ein Kampf, der mit der Zeit immer schwerer wird. Denn gerade der Fortschritt im Kampf gegen die eigene dominierende Sünde (sei es nun Genuss-, Hab- oder Geltungssucht) trägt in sich die Saat des Stolzes auf den noëtischen Fortschritt, worin sich die Gefahr der Leidenschaft der Geltungssucht zeigt.

Grundsätzlich ist anzumerken: Das Gegenteil hilft beim noëtischen Überwinden von Genuss-, Hab- oder Geltungssucht. Bist du Genusssüchtig? Übe dich im Fasten. Bist du Habsüchtig? Übe das freimütige Verschenken. Bist du Geltungssüchtig? Mach dich *aufrichtig* klein (hier kommt verstärkt die Gefahr einer Scheinheiligkeit auf!).

2.2 Die drei Stufen

Seit ältester Zeit unterschieden die Väter drei wesentliche Stufen in der geistigen Entwicklung.[8] Verschiedene Bezeichnungen werden gebraucht[9], doch die zur hesychastischen Theologie passendste scheint folgende zu sein:

1. Stufe: Reinigung des Herzens
2. Stufe: Erleuchtung des Geistes
3. Stufe: Theosis

Diese Stufen sind natürlich nur ein Modell. Tatsächlich geschieht der geistige Fortschritt komplexer und

---

8   So explizit schon bei Euagrios Pontikos († 399). Die drei Stufen lassen sich aber schon als Konzept in der Heiligen Schrift ausmachen. Vgl. Gabriel Bunge: *Praktike, Physike und Theologike als Stufen der Erkenntnios bei Evagrios Pontikos*, in: *Ab Oriente et Occidente (Mt 8,11): Kirche aus Ost und West; Gedenkschrift für Wilhelm Nyssen*, St. Ottilien 1996.

9   Bspw. 1. Stufe: Reinigung/Praxis → 2. Stufe: Erleuchtung/Theoria (Schau) → 3. Stufe: Hénôsis (Vereinigung)/Theosis (Vergottung). Auch wenn die Begriffe in griechischer Philosophie verwendet wurden, gibt es fundamentale Unterschiede, die durch die christliche Lehre der Christologie, Trinität, Ekklesiologie und Person nicht anwendbar sind. Eine voreilige Identifizierung mit heidnischen Konzepten verzerrt die Väterlehre.

in verschiedenen Lebensbereichen unterschiedlich gut oder schlecht, bzw. schneller und langsamer. Jede Reinigung des Herzens bedeutet zugleich einen Fortschritt in der Erleuchtung und auch der Theosis. Dennoch macht es – der Systematik und Einfachheit halber – Sinn, im Folgenden von disjunkten Stufen auszugehen, wobei wir die komplexere Realität immer vor Augen haben müssen.

Bevor allerdings ein Mensch Fortschritte auf dem geistigen Weg machen kann, muss er *geistig erwachen*. Viele Menschen, auch jene, die regelmäßig zur Kirche gehen, sind geistig noch nicht erwacht. Oftmals wird der Glaube *anerzogen*, wie eine Art Volksbrauch. Oder er wird *moralisierend* erlernt, nur als Werte, an denen man sich mehr oder weniger orientieren kann. Dieser Glaube ist tot. *Wahrer Glauben* ist die unendliche Sehnsucht nach Einheit mit Christus, dem Bräutigam. Das geistige Erwachen ist die Gnade, zu erkennen, dass einen nichts erfüllen kann, außer Christus selbst und dass man keine Ruhe finden kann, ausser „an der Brust des Herrn"[10]. Glauben ist so der Weg zu Gott und

---

10 Joh 13,23: *Einer von seinen Jüngern, der den Jesus liebte, lag zu Tisch an der Brust Jesu.*

durchdringt alle Lebensvollzüge. Dieser Weg hat verschiedene Abschnitte und Stufen, in die er sich gliedert.

1. Stufe: Reinigung des Herzens

Der *weltliche Mensch* ist bestimmt von Leidenschaften, die er sich in seinem Leben, über die Jahre, mehr oder weniger bewusst zu eigen gemacht hat. Diese Leidenschaften beherrschen die Entscheidungen seines geistigen Herzens. Sie leben am Herzen wie hungrige Bestien.

Der Geist *(nous)* hingegen ist beim weltlichen Menschen an die Welt gefesselt und wird von den einzelnen Seelenbereichen (Biologie, Sinne, Ratio, Emotionen, Phantasie, Erinnerung) in den Bann gezogen, so dass er ihnen kaum widerstehen kann. Dadurch ist er völlig getrennt vom geistigen Herzen und wacht nicht über seine Entscheidungen (die *Energien des Herzens*), die maßgeblich von den Leidenschaften und Logismoí beeinflusst werden.

So gilt es im ersten Schritt, das *Herz von den Leidenschaften zu reinigen*. Der Geist *(nous)* muss aus der Welt um-denken *(metánoia)*, sich zum Herzen hinkehren. Dies geschieht *durch das Gebet* und ein Leben aus den Sakramenten der Kirche. Christus wirkt auf den Nous und das Herz durch seine *reinigende Energie,* und löst den Nous aus der Anhänglichkeit an die Welt. In anderen Worten: Die Energien des Nous (seine Wirkkraft, Fähigkeit und Freiheit) werden geheilt. So senkt sich der Geist zum Herzen hinab und wacht immer mehr über seine Entscheidungen. Dies hungert die Leidenschaften mit der Zeit aus – wobei der Zeitfaktor nicht zu unterschätzen ist. Auch Rückschläge gehören ganz natürlich zu diesem Prozess dazu. Jahrzehnte der Anhänglichkeiten an die Welt und das Heranziehen der Leidenschaften sind nicht mit einer leichten und schnellen Lösung (vergleiche dazu die ähnlich gelagerten Versprechen der „Zwei-Wochen-Schlank-An-Den-Strand-Diät") rückgängig zu machen.

Dieser erste Schritt ist von der *Askese* (im Sinne: bewusster Anstrengung) zum Gebet hin geprägt. Der Mensch muss Kraft aufwenden, um das Gebetsleben regelmäßig zu pflegen. Er muss eine noëtische Aufmerksamkeit und Askese, aber auch das noëtische Gebet *mit Mühe* aufrecht erhalten. Das Jesusgebet wird bewusst und laut rezitiert, einfach gesprochen, ohne die Phantasie oder die Emotionen zu bemühen, also ohne sich irgendetwas bestimmtes dabei vorzustellen. Das Gebet ist noch Askese, d. h. es ist noch nicht in Herz und Blut übergegangen und bedarf großer Konzentration, Hartnäckigkeit und Aufmerksamkeit.

Auf dieser ersten Stufe kommen die Versuchungen vor allem von Aussen. Es sind Gedanken, die von den Leidenschaften und dem Bösen eingegeben werden. Beim Genusssüchtigen ist es bspw. der Gedanke: „Du hattest einen schweren Tag, diesen Genuss hast du dir nun wirklich verdient!" Beim Habsüchtigen: „Nimm dir das Geld, das im Büro herumliegt; es wird schon keiner merken!" Diesen Versuchungen ist mit dem noëtischen Gebet und vor allem der *Fünf-Punkte-Methode* zu antworten. Die Einübung dieser Methode führt zur Aneignung einer neuen Lebensweise. Hinter dem noëtischen Gebet und der Fünf-Punkte-Methode steht das Prinzip, die Nähe zu Christus zu erhöhen. Damit wird jede Versuchung zum Auslöser des Wunsches nach einer größeren Nähe mit Gott.

Erfolglos hingegen bleibt langfristig der Versuch, *mit dem eigenen Willen* den Versuchungen zu widerstehen. Auch wenn dieser seinen Anteil hat am noëtischen Gebet, darf er nicht das Prinzip desselben sein. Das Prinzip des geistigen Kampfes ist immer Christus bzw. seine *reinigende, erleuchtende und vergottende Energie*.

Die Selbstsucht beherrscht noch den Nous auf dieser Stufe, weshalb hier vor allem die *Selbstlosigkeit* zu üben ist. Dies gelingt nur durch vollständigen Gehorsam (freilich nur in noëtischen Fragen) seinem geistigen

Vater gegenüber. Nach einer gewissen Zeit stellt sich nämlich ein Stolz auf die eigenen Erfolge im geistigen Kampf ein, der einen weiteren Fortschritt im geistigen Leben verhindert. Auch ist der Geist *(nous)* noch blind bzw. geblendet von der sichtbaren Welt, und damit unfähig, in der noëtischen, apophatischen Welt klar zu sehen. Ein erfahrener geistiger Führer hilft, die Lage richtig einzuschätzen und angemessene Entscheidungen zu treffen. Auch macht er es möglich, die eigenen Verdienste in Demut zu relativieren und die Gnade Christi als völliges Geschenk anzuerkennen. Gehorsam wird vor allem dann absolut nötig, wenn das geistige Kind folgende Gedanken eingegeben bekommt: „Der Vater kennt sich doch in meinen Belangen gar nicht richtig aus! Der weiß zwar viel, aber in meinem konkreten Fall liegen die Sachen völlig anders!"; und: „Ich weiß nun selbst, was zu tun ist!" oder „Der geistliche Vater ist auch nur ein Mensch! Der hat auch Fehler! Der ist schlimmer als ich!" Diese Gedanken sind ein Zeichen, dass die geistige Begleitung erfolgreich ist und wesentliche Fortschritte auf dem geistigen Weg gemacht wurden. Aber bevor die Leidenschaften nicht völlig gereinigt sind, muss völliger Gehorsam in noëtischen Fragen geleistet werden. Ansonsten droht eine völlige Fehleinschätzung der eigenen Lage bzw. das Leben in einer noëtischen Illusion (slaw. *prelest*).

Ein Kriterium für den Erfolg der Reinigung ist die Heilung der Blindheit (des Nous) für die eigenen Fehler und Sünden. Nun können immer feinere Nuancen der geistigen Wirklichkeit erkannt werden und auch der eigene „Balken im Auge". Diese neue Erkenntnis des tatsächlichen Seelenzustandes hilft, zu einer authentischen – nicht geheuchelten – Demut zu finden.

2. Stufe: Erleuchtung des Nous

Sind die Energien des Nous geheilt, beginnt ein neuer Abschnitt im geistigen Leben: die Erleuchtung des Geistes *(nous)*. Nachdem der Nous frei ist von der Welt, kann er im Herzen verweilen; dies geschieht vor allem im Gebet. Im Herzen schaut der Geist *(nous)* Gott im Heiligen Geist und erfährt so die erleuchtende Energie Christi. Dabei wird das Wesen *(ousía)* des Nous therapiert und geheilt. In anderen Worten kann auch gesagt werden, dass damit die Energie des Herzens geheilt wird.

Die Folgen sind weitreichend: Nun bedarf das Gebet und das Widerstehen gegen die eingegebenen Gedanken keiner Askese mehr. Alles was auf der ersten Stufe noch mit großer Mühe und unterstützt durch die eigene Willenskraft gelang, scheint nun von selbst zu laufen. Es gehört nun zum neuen Wesen.

Das Gebet muss nun nicht immer laut sein, sondern wird immer mehr zum immerwährenden Gebet des Herzens. Der Nous betet ganz gegenwärtig im Herzen und bewusst, ohne Ablenkungen. Das Gebet wird ohne lautes Aussprechen ausgeführt. Auch kann die Gebetsformel („Herr Jesus Christus, Sohn Gottes, erbarme Dich mir Sünde!") verkürzt werden. Bis hin zum wichtigsten Wort: „Jesus!" Die innere Sehnsucht nach dem Herrn steigt zudem kontinuierlich. Das innere Sein des Menschen wird zur Liebe, die Trennung von Nous und Herzen ist aufgehoben. Nachdem man im Herzen Gott gefunden hat, tut sich eine neue Beziehung zu den Mitmenschen auf. Man versucht nun auch mit den Menschen eins zu werden.

Der Gehorsam gegenüber dem geistigen Vater ändert seine Bedeutung auf dieser Stufe, da die Energien des Nous geheilt sind. Nun führt man eine geistige Freundschaft mit seinem geistigen Vater. Durch das neue Sein des Nous im Herzen, als Ruhen des Geistes bei Gott, wird aber eine neue Verletzlichkeit offenbar. Sie zeigt sich in drei neuen Arten der Versuchungen, mit denen umzugehen man lernen muss.

Zuerst ist man immun gegen eingegebenen Gedanken, aber nun erscheinen die Versuchungen in der Form *konkreter Gelegenheiten zur Sünde.* Diese versuchen den Geist *(nous)* nun anders, als nur durch

Gedanken *(logismoí)*. So bedrängt ein Anderer einen plötzlich und unerwartet, mit ihm etwas zu genießen: Alkohol, Drogen, Sex… Dem bloßen Gedanken an diese Leidenschaft widersteht man leicht, aber die neue, konkrete Situation wirkt nun mächtiger auf den Geist *(nous)* ein. Die Situation verspricht, dass der Fehltritt nicht aufgedeckt wird. Die andere Person drängt einen dazu, man will es vermeintlich *ihretwegen* tun. Seelenbereiche (Biologie – Hormone, Triebe etc., Sinne – Geruch, Geschmack, Berührung etc.) ziehen den Nous aus dem Herzen heraus, und zwar in die Welt. Ein anderes Beispiel wäre: Man findet Geld in einem alten Schrank und weiß, es gehört dem Vorbesitzer. Dieser hat offensichtlich das Geld schon längst vergessen. Man hält das Geld in der Hand (Sinne) und weiß: Wenn man es behält, merkt niemand etwas davon. Diese Versuchungssituation ist konkreter als nur Gedanken *(logismoí)* und das Widerstehen ist schwerer.

Zum Zweiten zeigt sich eine völlig neue Art der Versuchung, insbesondere nachdem man auch die erwähnten neuen Versuchungssituationen zu meistern gelernt hat. *Es handelt sich um die indirekten Angriffe.* Die Versuchungssituationen sind vermittelt durch indirekte Angriffe: Ein Mensch oder eine Situation drängt einen zu sündigen. Die *indirekten Angriffe im engeren Sinn* sind aber völlig haltlose Anschuldigungen von anderen Menschen. Das Ziel ist, den Menschen von der zweiten Stufe der Erleuchtung durch den Ärger des ungerechten Angriffs (Hochmut: „Ich gerechter werde angegriffen?!") zurückzuwerfen auf das Niveau der Reinigung. Dort hat der Böse wieder Gelegenheit, in Versuchung zu führen.

Dazu kommt als drittes der Versuch des Bösen, die eigenen guten Talente auszunutzen, um *im Guten – wo man es am wenigsten erwartet – den Menschen zum Fall zu führen*. Der Böse verstrickt den Menschen geschickt in der Übertreibung, das Gute zu tun, und so den Nous aus dem Herzen in einen der Seelenbereiche hinein abzulenken.

Auch auf dieser Stufe wird allen Versuchungen mit der Fünf-Punkte-Methode begegnet. Den indirekten Angriffen hingegen wird mit der asketischen[11] *Feindesliebe* geantwortet. Betet man für einen Kranken, dann betet

---

11 Asketisch bedeutet in diesem Zusammenhang immer, es muss ein mühsamer, langer und schwerer Willen aufgebracht werden. Das Gegenteil ist *gnadenhaft*: Durch die Heilung der Energien bzw. des Wesens wird durch den Heiligen Geist ein Vorgang (wie Gebet, Feindesliebe) ganz zum eigenen gemacht und keine Mühe ist dazu notwendig.

der Erleuchtete, dass er die Krankheit auf sich nehmen dürfe – völlig erfüllt von Liebe zum Nächsten. Zudem ist man noëtisch wachsam im Bezug auf die eigenen Schwächen *und* Stärken.

Ist aber der Nous erleuchtet, dann ist sein Wesen transfiguriert zum Bild Christi. Ein neues, apophatisches Wissen bestimmt nun den Menschen, das die Philosophien dieser Welt nicht bieten können.

3. Stufe: *Theosis – Vergottung*

Die dritte Stufe des geistigen Lebens ist zugleich das Ziel des Menschseins: *die Theosis*, die Vergottung in Christus. Der Mensch wird natürlich nicht zu „Gott seinem Wesen nach" (in der heidnischen Vorstellung einer *Apotheosis,* die unmöglich ist), sondern er wird „Gott der Gnade nach", und zwar durch die vergottende Energie Christi. Er schaut das ungeschaffene Taborlicht, die Herrlichkeit Gottes schon auf Erden. Auf dieser Stufe ist er eins mit Gott: *An dem Tage werdet ihr erkennen, daß ich in meinem Vater bin und ihr in mir und ich in euch.* (Joh 14,20) Der Mensch ist endlich er selbst geworden und nach dem Bild und Ähnlichkeit Gottes hineingenommen in das Geheimnis der Allerheiligen Trias. Dieses volles Menschsein erreicht er nur im *Theanthropos* Christus und wird so selbst zum Theanthropos seiner Energie nach. Das heißt, er tut den Willen Gottes, weil er zu seinem wurde, und er tut die Werke Gottes (z. B. heilen, ins Herz der Menschen sehen, vergeben), weil Christus sie durch ihn wirkt. Der Mensch wurde endlich „ganz" (engl. *whole – holy*). Auf dieser Stufe wird das Wesen *(ousía)* des Herzens geheilt und damit die Einheit mit Gott und den Menschen, wie sie vor allen Zeiten im Theanthropos grundgelegt waren und durch den Fall des Menschen verlustig gingen.

Diese vergotteten Menschen nennen wir schon zu Lebzeiten Heilige, doch gibt es nur sehr wenige, da diese Gnade zum einen schwer zu erreichen ist, aber vor allem weil der Herr sie wenigen schon in diesem Leben vorherbestimmt hat. Das Wesentliche ist zudem nicht, welche Stufe der Mensch im geistigen Leben erreicht hat – diese bleibt immer Gnadengabe Christi –, sondern wie er sich im noëtischen Leben müht. Wer sich den Leidenschaften hingibt, ohne sich zu kümmern, begeht eine Sünde gegen den Heiligen Geist: Er verschließt sich dauerhaft der Gnade Gottes. Wer sich aber redlich Müht und im Kampf bleibt, die Leidenschaften sich nicht zu eigen zu machen, sondern sie als Leiden erträgt, kann auf denselben Lohn hoffen, wie die jetzt schon vergotteten Heiligen. In diesem Sinn lässt Dostojewski den Trunkenbold und Schuft Marmeladow sagen:

Dann will ich selbst zur Kreuzigung zu dir kommen; denn ich lechze nicht nach Freuden, sondern nach Leid und Tränen! . . . Meinst du, Schankwirt, daß deine Flasche Schnaps mir ein Genuß war? Leid, Leid habe ich auf ihrem Grunde gesucht, Leid und Tränen, und die habe ich gefunden und gekostet; Mitleid aber wird mit uns der haben, der mit allen Mitleid hat und alle und alles versteht, er, der Einzige, er wird Richter sein. Er wird an jenem Tage kommen und fragen: „Wo ist die Tochter, die sich um der bösen, schwindsüchtigen Stiefmutter und der fremden Kinderchen willen zum Opfer gebracht hat? Wo ist die Tochter, die mit ihrem irdischen Vater, einem verkommenen Trunkenbolde, Mitleid hatte, ohne vor seiner Verrohung zu erschrecken?“ Und er wird sagen: „Komm her zu mir! Ich habe dir schon damals vergeben... dir schon damals vergeben. Vergeben wird dir auch jetzt deiner Sünden Menge, denn du hast viel geliebt...“ Und er vergibt meiner Sonja, er vergibt ihr; ich weiß, daß er ihr vergibt... Das habe ich noch eben erst, als ich heute bei ihr war, in meinem Herzen gefühlt! ... Und alle wird er richten und allen vergeben, den Guten und den Bösen, den Weisen und den Einfältigen ... Und wenn er dann mit allen fertig sein wird, dann wird er auch zu uns sprechen: „Kommet her“, wird er sagen, „auch ihr! Kommet her, ihr Säufer, kommet her, ihr Willensschwachen, kommet her, ihr Schamlosen." Und wir werden alle kommen, ohne Scheu, und vor ihn hintreten. Und er wird sagen: „Schweine seid ihr, Ebenbilder des Viehes; aber kommet auch ihr zu mir!" Da werden die Weisen und die Klugen sprechen: „Herr, warum nimmst du diese auf?" Und er wird sagen: „Darum nehme ich sie auf, ihr Weisen, darum nehme ich sie auf, ihr Klugen, weil auch nicht einer von ihnen sich dessen selbst für würdig gehalten hat…" Und er wird uns seine Hände entgegenstrecken, und wir werden vor ihm niederfallen… und werden weinen… und werden alles verstehen! Dann werden wir alles verstehen! … Und alle werden es verstehen, … auch Katerina Iwanowna, … auch die wird es verstehen! Herr, dein Reich komme![12]

Auch ist es ein verbreitetes Missverständnis zu glauben, nur Tote wären heilig. Ganz im Gegenteil: Geheiligt sind die Menschen in Christus schon als Lebende. Das Leben ist kein moralischer Testlauf, der nur nach dem Tod mit der Heiligkeit belohnt wird. Berufen sind schon jetzt *alle* Menschen, ihre Heiligkeit, geschenkt in der Taufe, anzunehmen. Denn die Heiligkeit zeigt sich

---

12 Fjodor Dostojewski: *Schuld und Sühne*, Kapitel II.

schon auf allen Stufen: Während der Mensch gereinigt wird, vollzieht sich schon ein Teil der Erleuchtung und auch der Theosis; insgesamt gesagt: der Heil(ig)ung. Es ist eine tragische Versuchung die Theosis und damit die Heiligkeit den Heiligen-Statuen auf den Altären zu überlassen und nach dem Motto zu leben: „Ist der Ruf erst ruiniert, lebt es sich ganz ungeniert." Im Gegenteil: Schon die Kinder sollten erzogen werden, als Ziel ihres Lebens Christus selbst und die Theosis in ihm anzustreben.

Die Heiligen – in diesem Sinne – sind ganz unscheinbar in ihrer Demut. Oft gar leben sie unerkannt und verkannt unter uns. Nicht wenige erniedrigen sich selbst und ihr Ansehen, um jegliche Geltungssucht völlig auszulöschen; es sind die Narren in Christo. Andere leben ein Leben als Großmutter oder Großvater, als Kinderloser ohne – in den Augen der Welt – mit großen Leistungen, aber in einer Demut und Liebe sowie Einheit mit Gott und den Menschen, so dass sie selbst asketischen Helden in nichts nachstehen. Denn nicht das eigene Werk, die nach Außen sichtbare Askese, hat einen Wert vor Gott, sondern nur die innere Nähe zu Christus.

Das Gebet auf dieser Stufe ist beim Asketen das immerwährende Jesusgebet, das der Nous im Herzen unaufhörlich, Tag und Nacht, zu Christus ruft. Ab und an aber kennzeichnet die letzte Stufe die völlige Entrückung, das Schauen Gottes in seiner vergottenden Energie. Hier hört jedes Gebet des Geistes auf. Der Mensch wird entrückt in die Himmel und erfährt das Unerfahrbare. Nun erst kann von wahren „Theologen" gesprochen werden, die noch dazu die Gnade erhalten, das unaussprechliche in Worte zu fassen. Doch diese Entrückung (gr. *ékstasis*) bleibt *letzte* Gnade, ein nicht notwendiges Geschenk zum Heil: ein freier Liebesakt Gottes. Hierin wird der Mensch in seinem letzten Getrenntsein von Gott und den Menschen geheilt.

Die Feindesliebe wird nun gnadenhaft zum Wesen des Vergotteten. Der vergottete Mensch fühlt sich eins mit allen Menschen und dem ganzen Kosmos und sieht die göttlichen schöpferischen und erhaltenden Energien in ihnen hervorstrahlen. Keine Versuchung und kein indirekter Angriff kann ihn noch von Gott trennen; wohl bleibt noch eine theoretische Möglichkeit dazu, denn die Freiheit wird nie zerstört und die Person bleibt auch in der Vergottung voll erhalten, ja, wird dadurch voll entfaltet, denn der Nous im Herzen ermöglicht das Personsein.

Das Böse zeigte sich erst auf dieser Stufe in sichtbarer Form, quasi verzweifelt, da es die vergottenden Menschen für sich verloren sieht. Die letzte Hoffnung ist noch Angst und Gewalt, bis zur physischen Vernichtung, durch die der Böse hofft, den Abfall von Gott zu erreichen. Doch auch hier sind die Worte der Väter zu beachten: *Der Teufel ist so gefährlich wie ein Kinderspielzeug.*

Die Theosis sollte unterdessen nicht etwas mystisches, nur den anonymen Heiligen vorbehalten sein, sondern das ganz konkrete Ziel jedes einzelnen Menschen. Es sollte im Religionsunterricht als erstes vorgestellt werden, um den Menschen das Ziel zu zeigen, weswegen er lebt und weswegen es die Kirche gibt. Läßt man jedoch Theosis wegfallen oder marginalisiert sie, lebt nur moralisierend und karitativ, dann verliert sich das Wesen des Kirche-Seins. Der moderne Mensch kehrt – mit Recht – einer solchen „Organisation" von Kirche den Rücken. Denn auch der kirchenfernste Mensch trägt den unwiderstehlichen *eros* (das Verlangen) nach Gott in sich und will sich nicht mit weniger abspeisen lassen. Nur der lebendige „Organismus" Kirche, als konkrete Hilfe zur persönlichen Theosis, ist heute überzeugend.

Exkurs: Deutungen der drei Stufen

Die drei Stufen wurden von den Kirchenvätern immer wieder auf die verschiedenen Lebenswirklichkeiten der Kirche bezogen. Dies geschah nicht etwa aus symboli-

scher Spielerei, sondern um die kirchlichen Wirklich-
keiten und Dienste herauszufordern, dem toten *Amt* zu
entreißen und an die Verbindung mit dem lebendigen
Gott zu erinnern. Denn auch die Christen waren niemals gefeit vor dem „Sauerteig der Pharisäer und Sa-
duzäer".[13]

So stehen die Initiationssakramente Taufe (Reinigung), Firmung (Erleuchtung) und Eucharistie (Theosis) offensichtlich parallel zu den drei Stufen. Sofort
wird deutlich, dass die Sakramente kein magischer Akt
sind, sondern die im Sakrament gefeierten Geheimnisse werden mit der Zeit, im Verlauf des Lebens des
Gläubigen, erst langsam entfaltet und müssen zu eigen
gemacht werden.

Das Mönchsleben ist nichts anderes als das normale christliche Leben, nur in einer anderen Radikali-
tät: Es sind jene, von denen Christus im Hinblick auf
seinen Vorläufer Johannes sagte, die das Himmelreich
mit Gewalt an sich reißen.[14] Doch auch ihr Weg muss

---

13 Mk 2,16s: *Als die Schriftgelehrten der Pharisäer sahen,
dass Jesus mit Zöllnern und Sündern aß, warfen sie seinen
Jüngern vor: Wie kann er denn zusammen mit Zöllnern
und Sündern essen? Jesus hörte es aber und entgegnete ihnen: Nicht die Gesunden brauchen einen Arzt, sondern die
Kranken. Ich bin nicht gekommen, um Gerechte zu rufen,
sondern die Sünder.*

14 Mt 11,12: *Aber von den Tagen Johannes des Täufers an bis*

systematisch verlaufen: Die Rasophoren sind auf der Stufe der Reinigung, erst dann – also selten – sollte das Kleine Schima gewährt werden für die Erleuchteten – und nur äußerst selten und begründet sollte den geistig am höchsten stehenden geistigen Eremiten das Große Schima gewährt werden. Diesen Fortschritt an quantitative Kriterien, wie etwa Jahre im Kloster, allein zu koppeln, schadet der Kirche und noch mehr dem betroffenen Mönch selbst.

Seit apostolischer Zeit wurden auch die priesterlichen Weihestufen nur nach geistlicher Qualifikation vergeben – nicht etwa nach Bildung. Der Erzdiakon Stephanus wurde gewählt, weil er einer der *vorzüglichen* Männern „voll Geistes und Weisheit" war.

In jenen Tagen, als es immer mehr Jünger gab, entstand ein Murren der Hellenisten gegen die Hebräer, weil ihre Witwen bei der täglichen Versorgung übersehen wurden. Die Zwölf aber riefen alle Jünger herbei und sprachen: Es ist nicht gut, dass wir das Wort Gottes vernachlässigen und stattdessen an den Tischen Dienst tun. Darum seht euch nun um, Brüder, nach sieben Männern unter euch, von gutem Ruf, voll Geist und voll Weisheit, denen wir diese Aufgabe

---

jetzt wird dem Himmelreich Gewalt angetan und Gewalttätige reißen es an sich.

übertragen wollen. Wir aber werden im Gebet und im Dienst des Wortes bleiben.

Und die Idee gefiel der ganzen Menge und sie wählten Stephanus, einen Mann voll des Glaubens und des Heiligen Geistes, und dazu noch Philippus, Prochorus, Nikanor, Timon, Parmenas und Nikolaus, einen Proselyten aus Antiochia. Diese stellten sie vor die Apostel. Als die Apostel gebetet hatten, legten sie ihnen die Hände auf. Und das Wort Gottes wuchs, und die Anzahl der Jünger in Jerusalem vergrößerte sich sehr und auch eine große Zahl der Priester nahm den Glauben gehorsam an. Stephanus aber, voller Gnade und Kraft, tat Wunder und große Zeichen unter dem Volk.

Apg 6,1–8

Als die Kirche wuchs, wurde es immer schwieriger, nicht gebildete, sondern geistig vorbildliche Männer zu finden. Die Klage über Weihen unzulänglicher Kandidaten – was durch die Not zwar begründet war, aber auch zum Schaden führte – erhoben von Gregor dem Theologen über Symeon dem Neuen Theologen bis in die heutige Zeit nahezu alle Väter. Die Forderung ist, dass die Diakon zumindest am Ende der Reinigung und die Priester auf der Stufe der Erleuchtung sind,

und – eine schwere Forderung in Zeiten der Massen-
kirche – die Bischöfe die Theosis erfahren haben sollten. Nur ein Kleriker, der seine Weihestufe im Einklang
mit seiner geistige Entwicklung lebt, kann andere führen und gnadenhaft wirken.

Auch wenn letztere Forderung utopisch erscheint –
sie erschien so schon seit Gregor dem Theologen –,
so ist sie doch das zentrale Kriterium des Priester-
seins. Auch wenn der Großteil des Klerus das Kriterium nicht erfüllt – genausowenig, wie die Gläubigen
ernsthaft (zumindest in der Breite) versuchen, ihre
Initationssakramente in Einklang mit den drei Stufen
zu bringen –, so müssen sie dennoch diesem Anspruch
antworten. Die Antwort kann nur sein, dass der Dienst
mit mehr Vorsicht und Demut vollzogen wird. Der
Dienst der geistigen Väter ist ein gefährlicher Dienst
und wird nicht erlernt, indem man an Menschen ex-
perimentiert. Hat man selbst keine Erfahrung, schäme
man sich nicht, die Menschen zu erfahrenen geistigen
Vätern zu schicken oder selbst Rat bei ihnen zu suchen.
Ein Bischof redet nicht im Heiligen Geist, nur weil ihm
das Evangelienbuch bei der Weihe auf den Kopf gelegt
wurde, sondern wenn er sich über die Reinigung und
Erleuchtung in Richtung der Theosis selbst entwickelt.
Ist er bei seiner Weihe nur auf der Stufe der Erleuchtung oder – weitaus öfter – der Reinigung, schäme und

gräme er sich nicht, sondern gehe seinen Dienst behutsam und mit viel Demut und Liebe an. Er halte sich an die Väter und Vorschriften, nicht an sein Bauchgefühl. Und vor allem: Ob Priester oder Bischof – der geweiht wurde, obwohl er die Weihestufe nicht erfüllt –: Er solle weiter an sich geistig arbeiten, um die entsprechende Weihestufe auch auf dem geistigen Niveau zu erreichen.

2.3 Dynamik der Gnade

Auf jeder Stufe der geistigen Entwicklung ist eine spezifische Dynamik beim Asketen zu bemerken. Diese Dynamik ist durchaus nicht auf den noëtischen Bereich beschränkt, sondern findet sich grundsätzlich bei allem Tun des Menschen wieder, bei dem er Gott in seiner *schöpferischen Kreativität* ähnlich wird. Denn jedes neues Tun – sei es die Entwicklung des eigenen geistigen Lebens, um Christus ähnlich zu werden, oder der Bau eines Hauses oder das Autofahren u. dgl. – wird von Gottes schöpferischen Energie angestoßen und getragen. Wie der Kosmos von der Wirkkraft Gottes in jedem Augenblick erhalten wird, so auch der Mensch und sein Leben und sein Wirken.

Die Gnade Gottes, die durch die Energie eingegeben wird, ist jedoch nicht konstant, sondern hilft insbesondere am Anfang eines neuen Werkes (*„Und jedem Anfang wohnt ein Zauber inne, Der uns beschützt und der uns hilft, zu leben.“*[15]) in großem Maße, um sich

---

15 Hermann Hesse: *Stufen*. Der Autor interessiert sich in seinem Œuvre immer wieder für die Suche des Menschen nach Spiritualität, findet nicht Zugang zum christlichen Glauben, formuliert aber die noëtischen Regungen und Bestrebungen des Weltmenschen präzise. Ebenso schafft es Friedrich Hölderlin, bspw. in seinem *Hyperion oder der Eremit in Griechenland,* nicht Zugang zur Orthodoxie zu

dann mit der Zeit auf ein Minimum zurückzuziehen. Diese Dynamik der Gnade gibt dem Menschen Raum in der Synergie mit den Energien Gottes sich selbst einzubringen, die eigene Freiheit zu verwirklichen und dennoch getragen zu werden.

Zum Beispiel ist leicht zu beobachten, dass beim Eintritt in ein Kloster oder Priesterseminar die Begeisterung *am Anfang* unendlich groß ist. Das Gebäude allein ist schon spannend, dann sind die Menschen, die man hier neu kennenlernt, faszinierend. Die Vorgesetzten erscheinen weise, klug und freundlich – man hat den Eindruck, gar nicht nettere Menschen gekannt zu haben –, die Mitbrüder sind unterhaltsam, gute Freunde und ein wahres Geschenk. Die Gottesdienste sind tief geistig und wunderschön, das Essen hervorragend und die Entscheidung, hier einzutreten, wohl die beste Entscheidung des Lebens. Die Gnade Gottes hilft bei einem neuen Anfang und lässt den Menschen das Neue *nicht* durch eine *rosarote Brille* sehen, sondern im Grunde sieht man es so, wie es tatsächlich *ist* – wie wir

---

erlangen (und so letztlich Antworten auf den *noëtischen Durst* des Menschen zu finden), aber dennoch beschreibt er Elemente heutiger hesychastischer Theologie und Anthropologie aus dem aufrichtigen Interesse an Erfüllung und einer guten Beobachtung des gefallenen Menschen.

es aber wegen unseres erblindeten Geistes *(nous)* in der Regel nicht sehen können.

Nach einiger Zeit fängt die Gnade an, sich zurückzuziehen: Das Leben im Kloster bzw. Priesterseminar wird zum Alltag. Das Gebäude nimmt man schon gar nicht mehr wahr. Die Vorgesetzten sind auch nicht anders als andere, genauso die Mitbrüder. Ja, mit der Zeit beginnen deren negativen Seiten, regelrecht zu nerven. Sind es nicht schreckliche Vorgesetzte? Diese Gedanken kommen einem immer öfter auf. Und die Mitbrüder: alles Versager! Nur man selbst – natürlich ein Genie! – völlig verkannt inmitten der anderen Menschen, die einen hindern und nicht voranbringen. Der Gottesdienst ist öde und uninspiriert und das Essen ungenießbar. Nachdem die Gnade Gottes sich zurückzieht wird es immer schwerer, den eingeschlagenen neuen Weg fortzusetzen. Gedanken des Abbruchs, des Austritts, der Flucht kommen auf.

Diese Dynamik ist in allen Lebensbereichen zu beobachten: sei es im geistigen Leben, in kirchlichen Ämtern (Pfarrer, Dekan, Bischof), in Partnerschaften und der Ehe, in neuen Berufen usw.

Weiß man um die Dynamik der Gnade, dann ist es ein Leichtes, die aufkommenden Widerstände in den Kontext einzuordnen. Man erkennt, dass gerade die beginnenden inneren Widerstände zum Prozess des Fortschritts dazugehören. Regelrechte Freude sollte sich so gerade bei Langweile, Genervtheit u. dgl. einstellen: nun ist man kein Anfänger mehr, sondern es gibt Gelegenheit die begonnene Arbeit zu meistern.

Zeiten der Gnade sollen den Menschen Kraft spenden, ihm einen Ausblick auf das Ziel geben und ihn stärken, die naturgemäßen Widerstände, die sich immer auf langen Wegen zeigen, zu überwinden. Darum muss man Gnadenzeiten bewusst wahrnehmen, ein geistiges Tagebuch führen, um *in Wüstenzeiten der Gnade* nicht zu vergessen, warum man den Weg geht und welche Freude am Ende auf einen wartet.

Beginnen aber die schweren *Wüstennächte*, in denen einem alles beginnt zu belasten und man am liebsten flüchten würde, dann hilft einem das *Typikon*, die Ordnung, die man zuvor schon eingehalten hat. Stur, ohne viel Nachdenken (in Krisen sollte man keine weitreichenden Entscheidungen treffen!) und beharrlich setzte man einfach die alte Ordnung weiter fort, auch wenn man keine Befriedigung aus den Seelenbereichen (wie positive Emotionen) erhält. Hier beginnt die *eigentliche* noëtische Übung, die entscheidend ist für den geistigen Fortschritt.

Je näher man dem Ende der Entwicklungsstufe kommt – so bei der Reinigung oder Erleuchtung –, desto massiver werden die Widerstände. Am Ende steht vielleicht sogar eine unüberwindliche Leere vor einem. Diese Leere ist umso schwerer zu ertragen, je mehr Gnade man zuvor zugeteilt bekommen hat. Denn diese Teilhabe an der Fülle Gottes, dass man den Kosmos mit Gottes Augen – dem gereinigten Nous – mittels seiner Wirkkraft und damit mittelbar Gott selbst schauen durfte, läßt einen in scheinbar völliger noëtischer Finsternis zurück. *Die Nacht ist am dunkelsten, kurz bevor die Sonne aufgeht.*[16] Doch diese Dunkelheit, je schlimmer sie wird, trägt zugleich – in der Erinnerung der Anfangsgnade – die Nähe zum anbrechenden Licht in sich und damit die Freude, dass die *Wüstenzeit* bald zu ende geht. Diese schwere Zeit ist zugleich fast untragbar – aber eben nur *fast* – und dennoch auch eine Zeit der stillen Freude.

Diese Dynamik begegnet uns auf jeder Stufe wieder neu. Dabei ist die *Wüstenzeit* immer schwerer, aber

---

16 Zitat nach Selma Lagerlöf, die auch das noëtisch bemerkenswerte Wort gesagt hat: „*Nicht auf die Lichter und Lampen kommt es an, sondern, dass wir Augen haben, die Gottes Herrlichkeit sehen können.*"

auch die Gnadengabe der neuen Stufe unvergleichlich schöner und größer. Auf der Stufe der Theosis ist der Rückgang der Gnade sehr schmerzhaft und das Ausharren in Erwartung der *Aufbrechende Sonne der Gerechtigkeit* unvorstellbar. Aber das Schauen des göttlichen Lichtes ist nicht nur ein wunderbares Unterpfand, das diese letzte Prüfung des Vergottenden ihn bestehen lässt, sondern es macht vor allem deutlich, wie tragisch die Trennung des Menschen von Gott tatsächlich ist. Die Trennung von Gott ist die eigentliche *dunkle Wüstennacht,* in der jeder Mensch sich befindet, sie aber wegen seines erblindeten Geistes *(nous)* nicht erkennt.

2.4 Kriterien geistlichen Fortschritts

Der Fortschritt auf dem geistlichen Weg wird durch das Wachsen von Liebe, Demut, Sanftmut und Gebet angezeigt. Dabei ist zu beachten, dass die noëtische Entwicklung periodisch wachsende und fallende Phasen aufweist. Es ist normal, dass nach längerer asketischer Anstrengung sich eine Art Müdigkeit einstellt und insbesondere das Gebet etwas zurückgehen kann. Aber bezogen auf einen längeren Zeitraum (bspw. ein Jahr) muss eine klare positive Entwicklung der eigenen Liebe, insbesondere der Feindesliebe, aber auch der

Zeit, die im Gebet verbracht wird, und der Sanftmut und Demut beobachtet werden.

Falls diese Entwicklung stagniert oder das Niveau gleich geblieben ist, muss gehandelt werden, und der geistliche Vater sollte die Gebetsordnung *(Typikon)* anpassen.

Im Klerus ist unbedingt auf Liebe, Demut und Sanftmut zu achten. Kleriker, die in diesen Eigenschaften Christus nicht ähnlich geworden sind, *haben nichts* und *nutzen* den ihnen anvertrauten Menschen *nichts* (1 Kor 13).

3. Geist ins Herz bringen

Neben den Grundbedingungen geistlichen Lebens, nämlich noëtischer Wachsamkeit und Askese, ist das Ziel des Gebets, den Geist *(nous)* aus der Welt herauszuführen und ins geistige Herz zu versenken. Hier ist von der eigentlichen *metánoia* die Rede: *metá* und *noein* (von *nous*) bezeichnen das Um-denken, nicht im Sinne der *diánoia,* sondern der Umkehr des denkenden Geistes aus der Welt zurück zu Gott, der im Herzen wartet. Auch das hebräische Wort *schub* (hebr. בוש) bezeichnet die *Umkehr* zu Gott. Hier führt die westliche Engführung des Begriffs „Umkehr" in die Irre, die im moralisierenden Verständnis lediglich die *Umkehr von der Sünde* zu meinen scheint. In Vergessenheit ist geraten, dass hier die Umkehr *in die Einheit mit Gott* gemeint war.

Das Beten – nun im engen Sinne als gesprochenes Gebet – zieht den Geist aus der Welt, da der Heilige Geist im Herzen unserem Beten schon zuvorkommt und der Geist *(nous)* in dieses Gebet einstimmt und in die Einheit mit Gott hineingezogen wird.

Wie schon gesagt: Sünden und anerzogene Leidenschaften sind lediglich Hindernisse auf dem Weg zur Einheit mit Gott und müssen sakramental und durch beständiges Beten – geduldig! – überwunden werden.

Sie werden nicht durch unsere Leistung überwunden, sondern durch die Wirkkraft Christi, die wir durch unser Gebet um Einheit mit Ihm erfahren.

3.1 Göttliche Liturgie

Es gibt viele Arten des Gebets, und alle bringen Frucht auf ihre Weise. So ist die Göttliche Liturgie ein Gebet der Versammlung (der Synaxe) der Gläubigen, die im Sakrament der Eucharistie die Theosis schon als Gabe empfangen, die aber im eigenen geistigen Leben noch angenommen werden muss.[17] Die Väter sprechen von der Synergie zwischen einer Gnadengabe Gottes und der Annahme der Gläubigen. Die Göttliche Liturgie ist nicht nur sakramental das größte Geschenk Gottes – er schenkt sich darin selbst –, sondern bezieht den Menschen auf unüberbietbarer Weise in das Gebet ein. Der Geist *(nous)* wird in allen Seelenbereichen angespro-

---

17 Die notwendige Annahme vonseiten der Gläubigen bezieht sich auf alle Sakramente und dies unterscheidet sie maßgeblich von heidnischer Magie. *Magie ist Vergewaltigung*: Durch ein Ritual wird Jemand oder Etwas zu etwas bestimmten gezwungen – gegen seinen Willen. Die Harry-Potter-Romantik der modernen Selbstbezogenheit blendet diesen Aspekt gänzlich aus. *Sakramente* hingegen sind geschenkte Gnade, die ganz bewusst in Freiheit gesetzt und angenommen sein will.

chen und erfährt eine unwiderstehliche Anziehungskraft zum Heiligen hin.

Der Körper steht, sitzt, wirft sich in Metanien zu
Boden zur Anbetung. Er wird gesalbt, küsst den Heiligen im Bilde, ißt und trinkt.

Die Sinne schauen Licht und Dunkelheit des Kosmos im Kirchenraum, den göttlichen Glanz der Ikonen, die Bischöfe, Priester und Diakone als lebendige
Bilder Christi, des *einzigen* Hohenpriesters, und seiner
körperlosen Mächte; sie hören das Schellen der Weih-
rauchglöckchen, die festlichen Ausrufe des Klerus –
das Wort Gottes selbst, das zu ihnen spricht und ruft
aus den Zeiten – und engelsgleichen Gesang des einzigen nicht von Menschenhand gemachten Instrumen-
tes, würdig des Lobpreises Gottes: der menschlichen
Stimme. Der Mund spricht das Bekenntnis zum Glauben, das flehende Gebet und den freudigen Lobpreis
der Doxologie. Man riecht den feinen Weihrauch, der
einen entführt in die Einheit mit dem Einen, der der
Beräucherung allein würdig ist.

Der rationale Verstand *(diánoia)* ist erfüllt von der
Orthodoxie der Gebete als Wahrheit, die jede menschliche Logik übersteigt. Das Gefühl ist erfüllt von selbstloser Liebe zu Gott und den Menschen. Die Phantasie
findet Ruhe im Bilde des Himmelreiches, das sie hinter

der liturgischen Vor-Stellung vor Gott zu erahnen vermag.

In diesem „offenen Meer" an Bildern – einer multidimensionalen Ikone –, die sich tief in die Seele des Liturgen einprägen, erfährt der Mensch Reinigung, Erleuchtung und Theosis. Der Geist *(nous)* wird aus dem Alltag, der Welt als Ganzes herausgerissen und erlebt den Himmel in der Versenkung des Herzens, das Ruhen im Heiligen Geiste.

3.2 Andere Gebete

Kein anderes Gebet mag die Fülle der ikonalen Gegenwart des Himmelreiches der Göttlichen Liturgie erreichen, doch alle haben ihren Wert und bereichern das geistige Leben. Auch mag es nötig sein, für jeden Menschen das rechte Maß und die beste Form des Gebetes zu finden. Ohne alle Gebetsformen einzeln durchzugehen, sei im Folgenden ihre Wirkkraft auf den Geist *(nous)* beschrieben.

Jedes Gebet hat das Ziel, den Geist von der Welt zu lösen und ins geistige Herz hinein zu führen. Dabei nützen die Gebete immer einzelne Seelenbereiche, wie am Beispiel der Göttlichen Liturgie zu sehen war, um darin ikonal zu Christus geführt zu werden. In anderen Worten könnte gesagt werden, dass der Geist *(nous)* in der Welt, in einem oder mehreren Seelenbereichen noëtischen Schwung nimmt, um in die Tiefe des Herzens zu gelangen. Einige Beispiele sollen dies illustrieren.

In der *Schriftmeditation* wird das Wort Gottes gelesen und bedacht. Die Worte Christi wirken auf den Geist, er fühlt sich direkt angesprochen von Christus und kommt zum tiefen Gebet. Die Heilige Schrift für sich genommen hat keinen Wert, sondern sie ist eine textuelle Ikone des Wortes Gottes, des *lebendigen* Gottes, der allein rettet und heilt.

Das *Stundengebet* hat seinen Wert in der Ordnung der Zeit und in der Orthodoxie seiner Hymnen und Texte. Der Geist erfährt das Gebet ikonal, ähnlich der Göttlichen Liturgie, aber die Orthodoxie der Gebete prägen seine Erinnerung und sein rationales Denken *(diánoia).* Mit Übung schafft es der Beter, die für ihn von heiligen Vätern geschriebenen Gebete *zu seinen eigenen Worten zu machen* – ein wichtiges Prinzip noëtischen Betens aller vorgefertigten Gebete! – dann führt die Orthodoxie den Geist gerade in das Herz hinein.

Das Gleiche gilt für Akathistos Hymnen, Totengedenken, Segnungen und Sakramentalien und alle Formen von Gebeten. Sie führen ikonal immer zu Christus hin, nehmen Schwung im Leben des Einzelnen und führen dann aber den Geist *(nous)* in das geistige Herz.

Die ikonalen Gebete sind ein großer Schatz der Kirche und können – richtig angewendet – dem Beter großen Nutzen bringen. Sie tragen aber zugleich eine inhärente Gefahr in sich. Wie jede Ikone kann sie zum oberflächlichen Betrachten führen und nicht zur Begegnung. Auch dies sei an den oben genannten Beispielen erläutert.

Die Göttliche Liturgie kann in einer Perversion statt einer Vor-Stellung vor dem Einen, dem Heiligen, sogar zu einer Aufführung, ja einem „Theater" von „Schauspielern" werden. Kirchen und Ikonen werden, wie im Museum, betrachtet, Gebete und Gesang rational vermeintlich verstanden und bewundert – „Wie schön die byzantinischen Texte von Gott reden!", statt dass man mit Gott redet in den Texten! –, der Weihrauch und die Gaben konsumiert. Die *Participatio actuosa* wird zum Aktionismus, zur *Selbst*verwirklichung, und der Geist *(nous)* in der Welt gefesselt.

Die Schriftmeditation kann eine bloße Betrachtung in unserer Phantasie werden, wie ein Film, den wir schauen. Die Betrachtung der Schrift bewegt so den Geist nicht zum Beten, sondern verweilt in der Phantasie.

Auch das geschätzte Stundengebet oder jede Form täglicher Gebete kann zum *Pensum* werden, das man lediglich abarbeitet, damit es „weg" ist. Man macht die Worte der Gebete nicht mehr *zu seinen eigenen*. Die Worte schaffen es nicht mehr, das Herz zu berühren. In nicht wenigen athonitischen Gemeinschaften ist zu beobachten, dass das Stundengebet zurücktritt und statt dessen das Jesusgebet gebetet wird. Das Jesusgebet, wie noch gezeigt werden wird, ist für das Öffnen des Herzens (also ein lebendiges Gebet) sehr gut geeignet. Hier unterscheidet sich das hesychastische Mönchtum vom „prächtigen Klostermönchtum des Zarenreiches"[18]. Letzteres legt größten Wert auf äußere Vollzüge, da diese leicht zu überwachen sowie durchzuführen sind und durchaus ikonal eine Wirkung auf den Geist *(nous)* haben. Der Weg der Stille (Hesychia) kann weder im Bereich der Sinne noch der Gefühle befriedigen, sondern wirkt alleine auf den Nous. Folglich ist eine vorsichtige *Balance* von Stundengebet und Jesusgebet, statt einem „abarbeiten" aller Horen des Stundengebets durchaus sinnvoll.

Auch die betende Zuflucht bei der Gottesmutter oder den Heiligen kann ihre eigentlich auf Christus verweisende Kraft verlieren. Statt mit ihrer Hilfe zu Christus zu kommen und den Geist ins Herz zu bringen, könnten sie zu einer reinen „Abwechslung" im Gebetsleben werden, damit der Geist in der Phantasie und der *diánoia* etwas Neues erlebt, statt in Gott zu leben. Auch eine emotionale Selbstbefriedigung kann

---

18 Gemeint ist mit dieser Zuspitzung eine liturgische Zelebrationsweise, die auf die Äußerlichkeit großen Wert legt. Damit ist vor allem der Prunk der imperialen Vergangenheit und der Rubrizismus gemeint. Diese sind nicht *per se* schlecht, können aber die ikonale Dimension der Liturgie abschwächen oder sogar ihr entgegenwirken.

sich hinter dem Gebet verstecken. So will man im modernen Anthropozentrismus nun *selbst etwas fühlen,* wenn man betet. Man bittet nicht Christus oder lobpreist Gott in lebendigem Gespräch und Gegenwart, sondern will primär dabei selbst etwas fühlen. Es geht nicht mehr um Metánoia, also um das Umkehren aus der Welt und das Versenken des Geistes (*nous*) im Herzen, sondern um das Versenken des Geistes (*nous*) in den Emotionen. Moderne evangelikale Bewegungen zeigen in ihren Lobpreisgottesdiensten diese anthropozentrische Gefühlsbefriedigung.

Diese falsche Form des Gebets, die nach langer Zeit und Gewöhnung nicht selten auch bei Frommen eintritt, ist eine nicht zu unterschätzende Gefahr. Denn die wertvollen Sakramente Christi, die Orthodoxie der Gebete und der noëtische Schwung, der dem Geist helfen kann das Herz zu finden, vermögen den Geist fortan gar nicht mehr ins Herz zu führen. In diesem Fall wäre man für die nötige Medizin unserer Seele resistent geworden. Dies führt zum noëtischen Tod.

Überhaupt besteht die Gefahr, dass der Geist sich ablenken lässt. Die Bilder des Gebets führen ihn nicht aus der Welt ins Herz, sondern in andere Seelenbereiche hinein. Insbesondere am Anfang des Betens ist dies häufig zu bemerken, da der Geist *(nous)* noch nicht gereinigt ist.

3.3 Jesusgebet

Das wichtigste noëtische Gebet ist jedoch das Jesusgebet: *Herr, Jesus Christus, Sohn Gottes, erbarme Dich meiner, des Sünders!* Sein Vorteil ist der Minimalismus und die hohe Wiederholungszahl. So kann es ohne Hilfsmittel gebetet werden und geht schnell in Fleisch-und-Blut über, braucht also die Erinnerung an oder das Bewusstsein über Gebetsformel oder Reihenfolgen nicht. Trotzdem ist ein orthodoxes Glaubensbekenntnis enthalten. Jesus wird als der *Christos* und *Kyrios*, der Herr[19] anerkannt, als *Sohn* des *Vaters*. Man bittet Ihn, sich zu erbarmen, und bekennt, dass man ein Sünder ist – was nur im *Heiligen Geist* möglich ist. Hinter den wenigen Worten, verbirgt sich ein christologisches sowie trinitarisches Bekenntnis und eine tiefe Sehnsucht nach Einheit mit diesem Gott.

Das Wiederholen des Gebetes soll den Geist immer näher zum Herzen bringen, oder richtiger: zu Chris-

---

19 Die Dämonen, die wissen, dass Jesus der Sohn Gottes ist, können und wollen Ihn im Evangelium nicht als *Kyrios* bekennen.

tus. Die Quantität ist nicht Entscheidend und es würde ein einziger Anruf des Gebets mit vollem Bewusstsein genügen, aber gerade der in der Welt gefangene Geist *(nous)* muss mühselig immer tiefer, Schicht für Schicht zum Heiligen Geist im Herzen bewegt werden. Unbedingt ist zu vermeiden, dass der Geist *(nous)* an der Welt hängen bleibt. Das man zu sehr die Worte selbst zerdenkt *(diánoia)* oder eigene Gefühle beim Sprechen des Gebetes forciert. So stellen manche das Gebet in den Mittelpunkt des Strebens, anstelle Christus, mit dem man ja eigentlich spricht.

Diese *Ablenkung* wird aber naturgemäß nach längerem Wiederholen geschehen. Auch wird man beim Beten des Jesusgebetes schnell merken, dass eingegebene Gedanken *(logismoí)* sich einschleichen und Sorgen oder noch zu erledigende Aufgaben ablenken und den Geist in die Erinnerung, die Memoria, zieht. Auch Phantasien können den Geist ablenken.

Dieses Phänomen der Ablenkung des Geistes *(nous)* in die anderen Seelenbereiche tritt bei aller konzentrierter Arbeit, aber vor allem dem Gebet auf, da verschiedene Mächte hier gezielt versuchen abzulenken. Beim kurzen und repetitiven Jesusgebet ist dies leichter zu bemerken, als bei anderen reichhaltigen und abwechslungsreichen Gebetsformen.

3.4 Noëtisches Gebet

Das ganzheitliche systematische Gebetsleben, das aus Aufmerksamkeit, Askese und verschiedenen Lebens- und Gebetsformen besteht, die eine *Aufmerksamkeit gegenüber den Ablenkungen des Nous* und der eingegebenen Gedanken enthalten, *wird noëtischen Gebet* genannt. Auf das Jesusgebet bezogen: Sobald eine Ablenkung des Geistes *(nous)* bemerkt wird, zerrt man den Nous zurück zum bewussten und konzentrierten Gebet; ähnlich wie einen Hund an der Hundeleine, der versucht sich vom Spaziergang zum Vaterhaus auf die Jagd nach Wild zu begeben.

Das noëtische Gebet ist also weniger eine konkrete Gebetsform (wie das Jesusgebet allein), sondern damit ist die Lebensweise gemeint, die durchdrungen ist von Gebet in einem weitesten Sinne. So sind Aufmerksamkeit und Askese dabei genauso wichtig wie die einzelnen Gebetszeiten (Liturgie, Stundengebet, Gebetstypikon mit Jesusgebet) und die metodische Antwort auf Versuchungen (Fünf-Punkte-Methode, indirekte Angriffe, Angriffe durch die eigene Stärke).

Aber noëtisches Gebet ist auch die bewusste alltägliche Lebensführung, die den Geist *(nous)* in die noëtische Stille, die Hesychia, führt und ihm hilft, kontinuierlich im Herzen, bei Gott, ruhen zu können. So

betonen die Väter, dass alles was mit den Sinnen er-
fasst wird, sich in der Seele einprägt, wie in warmen
Wachs. Daraus folgt unmittelbar, dass die Sinne Gutes,
Schönes, Heiliges, Ordnung, Einfachheit u. dgl. wahrnehmen sollten. Die christliche, aber auch die *schöne*
Kunst (Literatur, Architektur, Musik u. dgl.) spielen
hier eine wichtige Rolle.

Sind die anderen Seelenbereiche (Ratio/*diánoia*,
Emotionen, Phantasie, Erinnerung/Memoria) völlig
unbedeutend im noëtischen Gebet? Festzuhalten ist
als wichtigstes, dass dort keine Gottesbegegnung möglich ist. Dann kann aber gesagt werden, dass es dem
Geist *(nous)* hilft, wenn die Bereiche ebenso, wie die
Sinne, durch positive Übung *(noëtische Askese)* geheiligt werden. Sie verlieren damit ihre vom Menschen
selbst verschuldete negative Ablenkungskraft. So sollte
ein gesunder Mensch gut und gleichmäßig ausgebilde-
te Seelenbereiche haben. Ein emotional „verkrüppelter"
Mensch wird beispielsweise durch seine Einseitigkeit
Schwierigkeiten haben, seinen Geist *(nous)* mithilfe
seiner Emotionen zu Gott und den Nächsten zu lenken. Ein rational unterentwickelter Mensch könnte
hingegen, als weiteres Beispiel, zu Schismen oder Häresien neigen, da er Theologie oder Kanones verzerrt
(bspw. jeden interkonfessionellen Dialog als Uniatis-

mus[20] oder den Kalender als Dogma versteht) oder das Evangelium mit weltlichen Dingen (Ethnofiletismus, Subjektivismus u. dgl.) vermischt. Ähnliches ließe sich auch für die Phantasie sagen. Der Einfluss der Memoria auf den Nous kann auch verbessert werden, indem positive, d. h. in diesem Kontext *heilige*, Erinnerungen gemacht werden. Teilnahme an gemeinsamen Gebeten der Kirche, am kirchlichen Leben allgemein, Pilgerfahrten, aber vor allem Dienste der Liebe an Armen und Notleidenden schaffen *heilende* Erinnerungen. Die *gesunde* Ausgestaltung der Seelenbereiche hat kei-

---

20 Mit *Uniatismus* ist eine scheinbar gleichberechtigte Einheitsbewegung gemeint, die aber letztlich eine völlige Subordinierung der anderen Kirchenhierarchie erreicht. Der Uniatismus wurde von den orthodoxen und katholischen Kirchen als Einheitsmethode verurteilt. Vgl. *Die Eucharistie der einen Kirche. Dokumente des katholisch-orthodoxen Dialogs auf deutscher und auf internationaler Ebene*, 3. erw. Auflage, Sekretariat der Dt. Bischofskonferenz, Bonn 1995, 59–67 (Erklärung von Balamand 1993). Ein Teil des athonitischen Mönchtums folgte John S. Romanides in seiner scharfen Kritik an diesem Dokument, in dem er eine neue Form des Uniatismus unter dem Deckmantel von „Liebe und Dialog" zu erkennen glaubt. Vgl. John S. Romanides: A Critique of the Balamand Agreement, in: *Theologia, the periodical of the Church of Greece*, Vol. VI 1993, Issue no. 4, 570–580. Problematisch bleibt die starke Politisierung seiner Theologie und sein Integralismus.

nen Selbstzweck, sondern hilft letztlich der noëtischen Aufmerksamkeit und dem Gebet.

4. Noëtische Methoden

Zumeist wird das Jesusgebet als Teil des täglichen Ge-
betslebens aufgegeben. Diese vom geistlichen Vater
aufgegebene oder gesegnete Ordnung wird *Typikon*
genannt. So nimmt man sich eine *ausgewählte Zeit in
Zurückgezogenheit, um sich dem Jesusgebet zu widmen.*
Dieses Gebet wird auf der Stufe der Reinigung laut gebetet, später dann zumeist im Geist, bis es zum immerwährenden Herzensgebet geworden ist. Praktisch gesehen nimmt man sich anfangs nur wenig Zeit hierfür
und steigert es dann bis zu einer Stunde am Tag. Nach
längerer Erfahrung im Gebet wird der geistliche Vater bspw. drei bis sechs Stunden am Tag für erfahrene
Mönche vorgeben. Dieses Pensum ist schon recht hoch
und für Nicht-Mönchen in der Welt kaum zu erreichen
und nicht notwendig. Wohl aber kann der Christ in der
Welt das freie Jesusgebet nach Belieben und Möglichkeit selbst steigern und so den entsprechenden Segen
erhalten. Das *freie Gebet* kann immer dann geübt werden, wenn der Geist *(nous)* nicht in einem anderen Seelenbereich benötigt wird: so bei der Handarbeit, beim
Warten, beim Spazierengehen, zwischendurch u. dgl.;
nicht aber beim Lesen eines Buches *(Ratio, Phantasie)*,
Lernen *(Memoria, Ratio)* oder Beten von anderen Ge-

betstexten (insbesondere nicht bei der Teilnahme an der Liturgie) u. dgl.

Im noëtischen Gebet geht es um eine allumfassende Aufmerksamkeit und Askese des Geistes *(nous)*, der durch ein methodisches Einbinden des Jesusgebets über das tägliche Pensum und das freie Gebet hinaus Versuchungen widerstehen und den Geist *(nous)* heilen soll.

So ist grundsätzlich die *Fünf-Punkte-Methode*, eine Synthese der Lehre der Väter des noëtischen Gebets von Mitropolit Naum von Strumica, ein systematischer Rahmen des Jesusgebets *in jeder Versuchung oder Stresssituation*. Auf der Stufe der Erleuchtung kommt es dann verstärkt zu *indirekten Angriffen* des Bösen, um den Menschen zu Fall zu bringen. Darauf wird verstärkt mit *Feindesliebe* geantwortet.

4.1 Fünf-Punkte-Methode

Eine eigene Systematisierung von Metropolit Naum von Strumica ist die *Fünf-Punkte-Methode zur Überwindung von Versuchungen* und Stresssituationen. Die einzelnen Punkte stammen aus der Lehre der geistlichen Väter des Mönchtums. Altvater Naum hat sie aber

nach der Erfahrung der geistlichen Führung systema-
tisiert und zunehmend mit Erkenntnissen aus seinen
psychologischen Studien ergänzt.

1. Annahme

Schlüsselmoment ist die *dankbare Annahme der Versu-
chungs- bzw. Stresssituation.* Natürlich wäre es, dagegen
anzukämpfen. Tatsächlich kann der Mensch aber nur
in Versuchungssituationen geistig wachsen bzw. sich
Gott annähern. Daher liegt der Versuchungs- bzw.
Stresssituation eine gewisse Freude inne, da sie dem
Christen Fortschritt verspricht. Schlüsselfrage ist die
Frage Christi an Petrus: *Hast Du mich lieb?* (Joh 21,17).

2. Danken

Wird die Situation tatsächlich als Geschenk Gottes gesehen, kann eine *dankbare Haltung (statt innerer Ablehnung)* entstehen. Ansonsten wäre die Annahme der
Situation in Punkt 1 nur oberflächlich, ja scheinheilig,
und es müsste an der Annahme noch gearbeitet werden.

3. Gebet

Der Dank mündet in einem Gebet zu Christus. Völlig verfehlt wäre es, gegen die Versuchung zu beten (bspw. „Hilf mir den Kuchen nicht zu essen!"), da dies die Punkte 1 und 2 *ad absurdum* führen würde. Stattdessen sollte das *Gebet um mehr Nähe zu Christus* bitten. Das Gebet sollte anhalten, bis die Versuchung vorüber ist oder besser noch etwas länger.

4. Selbstanklage

Ein schwieriger Schlüsselmoment ist die *Selbstverge-wisserung, dass man selbst für die Situation verantwort-lich ist und im Grunde noch etwas Schlimmeres verdient hätte.* Zwei bedeutende Implikationen sind hier fest-zustellen: Erstens muss der Nous im Herzen gehalten werden und nicht im Suchen rationaler Gründe („Wie konnte es dazu kommen?"; „Wer hat die Schuld?"; „Welche Gründe gibt es für oder dagegen?") oder hef-tiger Emotionen seine Ruhe, also die noëtische Stille (Hesychia), verlieren.

Sucht man die Schuld bei anderen, endet dies zu-dem im Urteilen und Verurteilen des Nächsten (Hoch-mut). Dies ist eben durch Selbstanklage (Demut) zu be-kämpfen, um die eigenen Leidenschaften zu reinigen.

Zweitens ist Gott nie ein strafender Gott, der Böses (d. h. die eigenen Taten) mit Bösem nach dem Prinzip „Auge um Auge, Zahn um Zahn" vergilt, sondern immer nur Gelegenheit minimaler Versuchung zum Umdenken *(metánoia)* gewährt.

5. Keine äußeren Anzeichen

Im geistigen Kampf hat sich gezeigt, dass äußere Anzeichen einer Versuchungs- oder Stresssituation (Kreuzzeichen, hörbares Stoßgebet u. dgl.) die Lage verschlechtern. Der Dämon attackiert in der Regel nicht zu einer beliebigen Zeit, sondern in Augenblicken der Schwäche bzw. dort, wo er Schwachpunkte ausmacht. Ebenso wie das geistige Leben ein Prozess ist, so ist auch der Angriff des Dämons schrittweise und verborgen. Daher ist völlige Ruhe bzw. Normalität nach außen hin zu halten.

Die fünf Punkte sollten dermaßen verinnerlicht werden, dass sie als natürliche Reaktion in Versuchungs- und Stresssituationen *wie ein einziger Akt* ablaufen. Wichtig ist jedoch, dass dies keine psychotechnische Methode ist, sondern die Energie Christi die zentrale

Bedeutung hat. Durch das Gebet in der Hesychia wird der Geist *(nous)* im Herzen gehalten und von Gott gereinigt und erleuchtet. Erst durch diese noëtische Heilung in Christo wird eine Überwindung der Versuchungs- oder Stresssituation möglich, *nicht aber* durch die Willenskraft des Asketen.

Hier unterscheidet sich die hesychastische Spiritualität von dem heutigen unüberschaubaren Meer an Lebensratgeberbüchern: Die Psychotechnik allein hat kaum Wirkung und verliert nach einiger Zeit ihre ganze Kraft. Auch geht es hier um eine echte Heilung des Menschen und nicht um das Erlernen von psychologischen Reaktionsmethoden in Stresssituationen (dies wäre nicht eine Therapie des Nous, sondern eine Methode der Ratio, *dianoía*).

4.2 Indirekte Angriffe

Auf der zweiten Stufe, der Erleuchtung, unterliegt der Mensch nicht mehr den Versuchungen durch alleinige Eingabe von Gedanken *(logismoí)*. Nun kommen indirekte Angriffe. Die einfache Art ist eine Variante der bekannten Versuchung durch Gedanken: Nun wird der Mensch durch eine *konkrete Situation* in Versuchung geführt. Die *konkrete Gelegenheit* zur Sünde ist hierbei ein indirekter Angriff. Beispielsweise wird einem der Wein, dem man zu widerstehen versucht, vor die Nase gesetzt und er riecht so gut, dass der Geist *(nous)* in den Bann gezogen wird.

Ein Mensch, der weit fortgeschritten im Glauben ist – dessen Nous im Herzen erleuchtet wird und der Versuchungen nur sehr schwer nachgibt –, unterliegt zudem einer besonderen Art von indirekten Angriffen. Dabei wird ein völlig *ungerechter Angriff* gegen ihn aufgeboten. Ziel des Bösen ist es, den Nous aus dem Herzen zu treiben und hin zum rationalen Abwägen und ausschweifenden Emotionen (siehe Punkt 4 der Fünf-Punkte-Methode). Ausgenutzt wird dazu ein Mitmensch, der seine Leidenschaften nicht gereinigt hat und so ein leichteres Angriffsziel für den Bösen bietet. Das Böse greift immer das schwächste Glied an.

Initiiert wird so ein *tragischer* Angriff, bei dem beide Involvierten sich im Recht sehen – und es aus einer gewissen Warte auch sind. Selbst geistig gefestigte Menschen reagieren in solchen Situationen erst einmal nach dem Maßstab *menschlicher, alttestamentarischer Gerechtigkeit*: Auge um Auge, Zahn um Zahn. Dies

zwingt sie aber rational zu Denken (Kausalketten erinnern, Anklagen reflektieren u. dgl.) und ist mit hefti-
gen Emotionen verknüpft – mit anderen Worten: Der
Nous wandert aus dem Herzen und *erblindet* („Blind
vor Wut") wieder.

Die richtige Reaktion ist jedoch die *gottmenschli-
che, neutestamentarische Gerechtigkeit:* die Feindesliebe. Diese antwortet wie Christus am Kreuz und trägt
neben dem eigenen Kreuz auch das des Angreifers.

Dazu soll man sich bewusst machen, dass der Sünder nicht mit seinen Sünden identisch ist (die Väter
lehre hier die Diastase von Person und Leidenschaften)
und dass der vermeintliche Angreifer selbst den Angriffen des Bösen als Opfer unterlegen ist.

Folgender Gedanke kann auch helfen: Ein ungerechter Angriff ist immer auch eine Art Kompliment
an die eigene geistige Entwicklung und ein Eingeständ-
nis, dass es für den Dämon zu schwierig ist, einen direkt anzugreifen. Dies sollte zur Feindesliebe und Gebet für den Angreifer motivieren! Tatsächlich ist der
Angreifer weitaus schwächer als man selbst, wenn man
ungerecht angegriffen wird; letztlich sind – wie die Väter betonen – seine Augen, die irrtümlicherweise in
einem selbst einen Fehler zu sehen glauben, von Gott
geschaffen und damit die Anklage selbst wieder eine

Gelegenheit, auf die Frage Christi zu antworten: *Hast Du mich lieb?*, siehe Punkt 1 der Fünf-Punkte-Methode.

Aufrichtiges, liebendes *Gebet für den Angreifer* und eine *sanftmütige und demütige Antwort* verwirklichen die von Christus geforderte Feindesliebe. Die noëtische Askese bei einem ungerechten Angriff ist die *aufrichtige* Liebe zum Angreifer. Nur sie allein kann den wahren *Teufelskreis* des ungerechten Angriffs durchbrechen und überwinden. Christus selbst wurde von uns ungerecht angeklagt und hat uns am Kreuz geheilt. Er durchbrach den Teufelskreis durch seine Liebe.

4.3 Versuchung durch die eigene Stärke

In der noëtischen Aufmerksamkeit ist auch folgendes Prinzip bedeutend: *Gott rettet uns in unseren Schwächen, der Satan bringt uns zu Fall in unseren Stärken.* Christus hat unsere Sünden am Kreuz getragen. Er rettet uns nicht, weil wir es verdient hätten, sondern aus Liebe zu uns und wohl wissend um unsere Schwächen. Gott ist so groß, dass er uns nicht nur trotz unserer Schwächen rettet, sondern indem er diese, wenn wir mit Ihm zusammenarbeiten in noëtischen Gebet, heilt und zum Schlüssel zur Gottesnähe macht.

Der Satan versucht uns in all unseren Schwächen, insbesondere in den dominierenden Leidenschaften. Aber wenn wir auf dem geistigen Weg voranschreiten, werden wir, insbesondere am Ende der Erleuchtung, immer weniger anfällig gegen seine Versuchungen. Neben den indirekten Angriffen, von denen schon die Rede war, wird der Feind den Menschen dort zu Fall zu bringen versuchen, wo er es am wenigsten erwartet: in seinen Stärken.

Ist ein Mensch bspw. besonders *einfühlsam, mitfühlend* und kann *gut zuhören* – er zeichnet sich durch die Talente der Menschenliebe und des Einfühlungsvermögens aus –, dann kann der Böse einen indirekten Angriff durchführen, indem der Mensch eben einem anderen leidenden Menschen begegnet und durch die unbestritten positiven Talente, die ihn auszeichnen, diesem besonders nahe kommen. Der Böse übersteigert die Nähe in dieser Versuchung nun. Diese Nähe zum anderen Menschen kann, wenn sie die nötige Distanz nicht wahrt, den Nous nun aus dem Herzen heraus bringen und ihn nun auf den hilfsbedürftigen Menschen in einer nicht mehr helfenden, sondern vereinnahmenden Weise ausrichten.

In einem anderen Beispiel kann ein Mensch eine besondere *Liebe zur Orthodoxie* haben, was ebenso ein positives Talent ist. Übersteigert der Böse in der Versuchung nun diese Nähe zur Orthodoxie, dann wird er vom Glaubensliebenden zum Glaubenseiferer. Während die Orthodoxie den Menschen (im Nous) mit Gott vereinigt und damit auch mit allen anderen Menschen, verteidigt der Eiferer nun den rechten Glauben (aber fälschlicherweise in der *diánoia*) und ist bereit, dafür auch über andere Menschen zu urteilen und sie zu verurteilen. Oder er legt allergrößten Wert auf eine korrekte Weise die Liturgie zu feiern – sein Nous ist also nur auf Äusserlichkeiten (Sinne) ausgerichtet – und vergißt dabei das eigentliche, noëtische Ziel der Liturgie: das Ruhen des Nous im Herzen.

Neben den eigenen Schwächen muss der Asket also auch seine Stärken gut kennen und in noëtischer Aufmerksamkeit diese stets in gesundem Maß halten. Jede gute Sache könnte durch den Bösen in etwas Schlechtes pervertiert werden, deshalb gilt hier besonders: *Seid klug wie die Schlangen und arglos wie die Tauben.* (Mt 10,16)

5. Das Herz öffnen

Das geistige Herz im Gebet zu *finden* ist nicht einfach. Oftmals hat man jahre- oder jahrzehntelang kein bewusstes geistiges Leben geführt und so wird der Geist *(nous)* beherrscht von ungeordneten Gewohnheiten und das Herz von Leidenschaften. Im Gebet seinen Geist im Herzen zu versenken, fällt oft schwer. Nicht nur wegen der Ablenkungen der Seelenbereiche und Versuchungen, sondern weil das Herz verschlossen zu sein scheint. Ein *Herz aus Stein*, wie Ezechiel sagt[21], muss sich durch die Gnade Gottes in ein neues *Herz aus Fleisch* wandeln. Denn die eigenen Sünden und Leidenschaften haben eine „Kruste", eine für den Geist *(nous)* unüberwindbare „Mauer" um das Herz entstehen lassen. Dazu haben die Verletzungen der Mitmenschen Wunden hinterlassen, die vernarbt sind und nun das Herz gefühllos gemacht haben. Dieses Herz aus Stein entreißt Christus in den Sakramenten: *Ich gieße reines Wasser über euch aus, dann werdet ihr rein. Ich reinige euch von aller Unreinheit und von allen euren Götzen.* (Ez 36,25)

Der Mensch muss aber auf diese Gnade antworten und im eigenen inneren Sichöffnen für die angebotene Gnade sein *Herz öffnen*. Diese Öffnung ist apophatisch

---

21 Ez 36,26ss.

und deshalb schwer zu beschreiben. Einige Konzepte helfen, die innere Einstellung zu finden.

5.1 Beten *de profundis*

Das Gebet darf sich nicht nur im weltlichen Seelenbereich abspielen. Es darf also weder nur ein Lippenbekenntnis (Körper), ein Durchdenken der ausgesprochenen Worte (Ratio) oder ein Evozieren der Gefühle (Emotion) sein oder auch nur die Phantasie anregen (Meditation). Entscheidend ist vielmehr der apophatische Teil des Gebets, genauer: das *innere Streben* des Geistes *(nous)* zu Gott, um in das Herz zu gelangen. Das Gebet, so sagt man, soll aus dem Herzen kommen, aus der Tiefe: *de profundis* (gr. *ek vathéôn*).

Aus der Tiefe rufe ich, Herr, zu dir! Oh Herr, höre doch auf meine Stimme, laß deine Ohren aufmerken auf die Stimme meines Flehens! Wenn du nämlich, Herr, Sünden anrechnen würdest, oh Herr, wer könnte denn dann noch bestehen? Doch bei dir ist Vergebung, auf daß man dich fürchte. Ich harre auf den Herrn, meine Seele harrt, und ich hoffe auf sein Wort. Meine Seele wartet auf den Herrn, von der einen Morgenwache bis zur andern. Oh Israel, hoffe auf

> *den Herrn, denn bei Ihm ist Gnade und alle Erlösung,*
> *und er wird Dich erlösen aus allen seinen Sünden.*
>
> Ps 130(129)

In diesem Streben *ek vathéôn* versucht der Geist *(nous)* aus der Welt *(kataphatisch:* dem sichtbaren, beschreibbaren, materiellen*)* in das Herz *(apophatisch:* unsichtbar, unbeschreibbar, unfassbar*)* zu kommen. Dabei spielen die weltlichen, kataphatischen Seelenbereiche durchaus eine bestimmte, wenn auch untergeordnete Rolle. Der Geist *(nous)* braucht das *kataphatische* um ein Momentum, einen Bewegungsimpuls, zu generieren. Zuerst sind das natürlich die körperlich oder geistig gesprochenen Worte des Gebets: *Herr Jesus Christus, Sohn Gottes, erbarme Dich!* Diese tragen ein Minimum an Ratio und Memoria in sich, das für das Gebet nötig ist. Dazu kann aber durchaus auch – aber auch hier nur ein Minimum – an Emotion oder Phantasie hineingebracht werden. So kann bspw. eine Perikope aus dem Evangelium gelesen werden und diese dann durchaus (aber nur kurz) bedacht, gefühlt und in der Phantasie durchgespielt werden. Dabei fühlt man sich z. B. in die Rolle einer Person ein, die Jesus begegnet, wie der blinde Bartimäus in Jericho:

Und Jesus und seine Jünger kommen nach Jericho. Und als sie und eine große Volksmenge aus Jericho hinausgingen, saß dort der Sohn des Timäus, Bartimäus, ein blinder Bettler, am Weg. Als dieser hörte, dass es Jesus aus Nazareth sei, fing er an zu schreien und zu sagen: Sohn Davids, Jesus, erbarme dich meiner! Viele der Umstehenden wollten ihn davon abbringen, dass er endlich schweigen sollte; er aber schrie nur umso mehr: Sohn Davids, erbarme dich meiner!

Und Jesus blieb stehen und sagte: Ruft ihn! Und sie rufen den Blinden und sagen zu ihm: Sei guten Mutes! Steh auf, er ruft dich! Er aber warf sein Gewand ab, sprang auf und kam zu Jesus. Und Jesus antwortete ihm und fragte: Was willst du, dass ich dir tun soll? Der Blinde aber bat ihn: Rabbuni, dass ich sehen kann. Und Jesus sprach zu ihm: Geh hin, dein Glaube hat dich geheilt! Sogleich wurde er aber sehend und folgte Jesus auf dem Weg nach.

Mk 10,46–52

Bei diesem Beispiel fällt die beharrliche Bitte des Blinden auf: *Sohn Davids, Jesus, erbarme dich meiner!* – ein Urbild des Jesusgebets. Ohne in eine abschweifende Meditation abgelenkt zu werden, kann es dem Geist *(nous)* helfen, sich in der Phantasie in die Rolle des blinden Bettlers zu versetzen, in dessen Not, und auch

Emotionen zuzulassen – wieder ohne darin zu schwelgen –, die das Herz öffnen für das nun folgende Gebet. Dieses Gebet wird gesprochen, als ob man selbst
Bartimäus in Jericho wäre, Jesus nur dieses eine Mal
an einem vorbeilaufe und dies die letzte Chance ist, gerettet zu werden.

Das Beispiel sollte klarmachen, dass die Gottesbegegnung nicht in Phantasie und Emotionen gesucht
wird, sondern dass diese Seelenbereiche nur in einer
kurzen Anfangsphase, zum tiefen Ausholen des Geistes *(nous)* im Gebet – ähnlich einem Katapult –, genutzt werden können. Neben dem nötigen sakramentalen Leben für das Öffnen des Herzens kann auf diese
Weise auch das profane Leben (die Seelenbereiche) für
die innere Öffnung fruchtbar gemacht werden.

5.2 Unter Tränen beten

Was der Körper nicht fassen kann, das weint er als Trä-
ne: ob in Freude oder Trauer.[22] So sind auch die Tränen
mehr als ein Bildwort, das das innere Streben *de profundis* begleitet, wenn das Streben des Geistes *(nous)*

---

22 Koh 3,4.

zum Äußersten kommt. So sagt Paulus nicht selten[23], wie bspw. zu seinen geliebten Korinthern:

> *Denn aus großer Bedrängnis und Herzensnot schrieb ich euch unter vielen Tränen, nicht um euch traurig zu machen, sondern damit ihr die Liebe erkennt, die ich ganz besonders zu euch habe.*
>
> 2 Kor 2,4

Und Hiob bekennt über die Intensität seines Gebets: *Zu Gott blickt mein Auge mit Tränen auf.* (Hiob 16,20b) Und in unzähligen Stellen wird die enge Verbindung von Tränen und Gebet in der Schrift bezeugt.[24] Jeremia sagt: *Immerfort werden sie weinend gehen und ihren Herrn suchen* (50,4). Joêl fordert: *Kehrt um zu mir mit eurem ganzen Herzen und mit Fasten und mit Weinen und mit Klagen* (2,12). So antwortet Gott seinem Propheten Jesaja: *Ich habe dein Gebet erhört, ich habe deine Tränen gesehen!* (38,5).

Die Tränen und das Weinen sind aus dem Gebetsleben der modernen Menschen fast verschwunden. Sie wollen sich immer gut gelaunt und unterhalten fühlen, Tränen scheinen dort nicht hineinzupassen. Doch Trä-

---

23 Siehe auch: Phil 3,18; Apg 20,19.31.
24 Eine Auswahl: Ri 2,4; Es 10,1; Jes 22,12.25,8.

nen sind Ausdruck eines voll gelebten Lebens und haben ihren Platz darin, insbesondere im Gebet.

Die Tränen sollen aber keinesfalls ein Schauspiel sein, indem man sie herauspresst. Vielmehr sind sie Frucht göttlicher Gnade. Es muss also um die Gnade der Tränen zuerst gebetet werden. Erst dann macht das Bedenken des eigenen Getrenntseins von Gott, das selbst durch viele Taten verschuldet wurde, einen Sinn so dass die Buße angenommen und durch Tränen der Reue und des aufrichtigen Gebets *de profundis* belohnt wird.

5.3 Ein brennendes Herz

Ein Kriterium des tiefen Gebets *(de profundis),* ist eine noëtische Wärme in der Brust. Das geöffnete Herz wirkt auf die ganze Seele und den Körper in der Begegnung mit dem Heiligen Geist. Die Energien Christi, die reinigen, erleuchten und vereinen, brennen im Herzen wie ein Feuer. Der Geist *(nous)* darf aber nicht auf dieses Phänomen gerichtet werden – dies würde ablenken –, sondern sollte auf Christus gerichtet bleiben. Die Wärme in der Brust ist ein Kriterium für ein geöffnetes Herz.

6. „Betet allezeit und lasst nicht nach!"

6.1 Beharrlichkeit

Bei allem Gesagten über das Öffnen des Herzens sollte klar geworden sein, dass dies kein kurzer Prozess ist. Sowohl der oben erwähnte noëtische Psalm 130(129) als auch die Perikope vom blinden Bartimäus – wie viele andere Stellen zum Gebet – zeigen die *Beharrlichkeit* als wesentlichen Grundzug tiefen Gebets. Quantität ist dabei nicht entscheidend, allein die Qualität zählt. Ein gesammeltes, tiefes Gebet ist keine Magie, sondern bewegt den Geist *(nous)* dem Herzen schrittweise und langsam entgegen. Geduld und Beharrlichkeit sowie ein realistisches und vernünftiges Pensum sind in Einklang zu bringen.

Ein Mensch, der in der Welt ist, wird weitaus länger brauchen, bis er in ein tiefes Gebet *(de profundis)* finden kann. Zu stark sind noch die Seeleneindrücke der lauten, komplexen und bunten Welt. Das Finden der noëtischen Stille, der Hesychia, kann mehrere Tage der Ruhe dauern und nach längerer Zeit wird der Mensch immer noëtisch feinfühliger und kann tiefer ins Gebet eindringen. Neben den alltäglichen Gebetstypikon sind regelmäßige Tage der Stille und geistige Übungen (Exerzitien) gerade Menschen in der Welt anzuraten. Für Mönche (von gr. *mónos*: allein) gilt freilich ein strengeres Gebetspensum und eine grundsätzliche Abgeschiedenheit, die diese Lebensform im Kern ausmacht. Der Mönch ist allein, um mit *allen eins* zu werden.

Noch einmal sei an die *Dynamik des geistigen Lebens* erinnert. Gerade in Zeiten geistiger Dürre, des Rückzugs der Gnade, ist Beharrlichkeit wichtig. Das tapfere Halten des Typikon – hier ist nicht nur das Gebetstypikon gemeint, sondern die *allgemeine Lebensordnung*, die vor der Zeit der geistigen Dürre geführt wurde – bringt einen sicher durch diese Wüstenzeit. Diese Phase hat größten Wert und das Gebetsleben sollte die *Wüstenzeit der Gnade* in einer echten Freude annehmen und darin auch ein Ende der zurückgelegten geistigen Stufe – und damit einer kommenden größeren Nähe zu Gott – erkennen.

Bei fortgeschrittenen Asketen, die die Gnade einer großen Erleuchtung oder gar Theosis erfahren haben, wird das *Ausharren* eine *Lebensform*: Sie haben soviel „ungeschaffenes Licht" erfahren, dass sich ihnen das Leben, getrennt von Gott, als *noëtische Finsternis* offenbart hat und unerträglich wird. Irdisches Leben bleibt trotz angebrochenem Ostern und Pfingsten, d.

h. dem geöffneten Himmel im Herzen der Gläubigen, immer noch ein Warten auf die letzte Fülle des Eschaton, also auf die *vollendete, ewige* Theosis. Das kann zu *Wüstennächten* führen, in denen man leicht den Weg oder sogar das Ziel aus den Augen verlieren kann. Doch auch hier gilt, wie allgemein auf dem noëtischen Weg, dass diese Dynamik und Periodisierung nicht an sich schlecht sind, sondern ein Zuwachs an noëtischer Erkenntnis bedeuten und geduldig mit Gegensteuern *(Halten des Typikons)* beantwortet werden sollten.

Tatsächlich kommt es zu zahlreichen Stufenauf- und abstiegen im Laufe eines Lebens. Eine einmal erreichte Gottesnähe und Heilung der Energien und des Wesens des Nous *kann* wieder verlustig gehen. Auch hier ist Beharrlichkeit und eine realistische Einschätzung des geistigen Weges der Schlüssel zum weiteren Fortschritt.

6.2 Das Typikón

Um sein geistiges Leben erfolgreich weiterzuentwickeln, ist ein systematischer Ansatz unabdingbar. Dazu braucht der Mensch eine Ordnung, die entsprechend den Bedürfnissen immer wieder neu angepasst werden muß, um ein methodisches Vorgehen in der geistigen Entwicklung zu ermöglichen.

a) Allgemeines Typikon

In Klöstern gibt es eine festgeschriebene Ordnung (gr. *typikón*), die das liturgische und zum Teil das Alltagsleben der Mönche beschreibt.[25] Aber jeder Mensch, nicht nur der Mönch, sollte eine bewusste Lebensführung haben. Diese bewusste Ordnung des Tagesablaufs mit den Arbeits- und den Gebetszeiten ist das allgemeine Typikon.

b) Gebetstypikon

Ein zentraler Teil des Typikons sind die täglichen Gebete, die man auch im engeren Sinne als Gebetstypikon bezeichnet. Viele orthodoxe Gläubige haben kein streng geordnetes Leben im Alltag (allgemeines Typikon), aber ein Gebetstypikon haben viele von ihren geistigen Vätern erbeten.

Das Gebetstypikon besteht im Kern aus dem *Jesusgebet in der Zelle*, also einem gewissen fest vorgeschriebenen Pensum an Jesusgebeten – z. B. je 30 Minuten am Morgen und am Abend oder 1.000 Stück, die man

---

25 Die ältesten sind die monastischen: bspw. das *Typikon von Theodor Studites* († 826) und nach der Besetzung Konstantinopels (1204) das jerusalemitische bzw. *sabaitische Typikon*. Diese enthalten vor allem liturgische Vorschriften.

frei einteilen kann. Diese werden in Stille und alleine gebetet, z. B. im eigenem Zimmer oder im Kloster in der Mönchszelle.

Dazu kommen die *freien Jesusgebete,* die spontan und über den Tag, je nach Gelegenheit, gebetet werden.

In Klöstern kommt das *Stundengebet* dazu: Orthros, die Stunden, Vesper, Komplet u. dgl. Der Höhepunkt der Woche oder des Tages ist die *Göttliche Liturgie.*

Neben den Gebeten gehören zum Gebetstypikon die *Metanien,* d. h. das Zu-Boden-Werfen vor Christus – nicht selten wird dies vor dem Kreuz oder einer Christusikone praktiziert. Das *körperliche* Beten nimmt im Typikon eine wichtige Rolle ein, da es – wie das Fasten – eine unmittelbare Rückwirkung auf den Geist *(nous)* hat.

Tränen im Gebet werden zwar nicht als Aufgabe gestellt, sie sollten aber das Beten begleiten. Deshalb wird verzeichnet, ob und wie oft sie vorkommen. Sie sollten aber täglich im Gebet der Fortgeschrittenen enthalten sein.

c) Geistige Lesung

Die Basis jeder *geistigen Lesung* ist die tägliche Lesung aus der Heiligen Schrift. Diese kann eine Bahnlesung verschiedener Teile der Schrift umfassen oder – als Minimum – die jeweiligen Tageslesungen der liturgischen Ordnung enthalten.

Daneben sollten insbesondere die *Väter* gelesen werden. Dazu eignet sich insbesondere die *Philokalia* als vorzügliche Auswahl der relevantesten Vätertexte im Bezug auf das noëtische Gebet. Am Anfang hilft auch eine *Auswahl aus der Philokalia*, da diese den Einstieg in die manchmal herausfordernden Texte erleichtert.

Später kommen die großen Werke der Kirchenväter hinzu, die nicht in der „Philokalia" zu finden sind. Insbesondere die zahlreichen geistigen Briefe, Predigten und Katechesen sind ein Schatz der Kirche, der zu selten fruchtbar gemacht wird.

Auch die Heiligenviten (insbesondere die Tagesheiligen) und Werke neuer oder noch lebender *Gerontas* (slaw. *starzen*, geistige Älteste) sind eine fruchtbare Lektüre.

Zur geistigen Lektüre gehören auch Werke der Weltliteratur. Es sollte nicht beliebig gelesen werden, man beginne vielmehr mit den großen christlichen Autoren: wie Fjodor Dostojewski oder Georges Bernanos. Später kann dieser Kreis immer weiter geöffnet werden. Mit dem Fortschreiten der geistigen Entwicklung zeigt sich, dass in jedem anspruchsvollen Werk aus Literatur, Film, Kunst und Musik das Göttliche im Schönen deutlich hervortritt. Der Erleuchtete sucht nicht mehr Gott in Allem, er findet Ihn überall.

d) Alltagsarbeiten

Auch die typischen Aufgaben, die jeden Tag oder regelmäßig zu erledigen sind, sollten im allgemeinen Typikon verzeichnet sein. Diese unterscheiden sich bei allen Menschen recht stark, können aber dennoch leicht kategorisiert werden. So sollte ein Student seine Lernzeiten als Arbeit verzeichnen, eine Hausfrau ihre verschiedenen Arbeiten, ein Forscher seine verschiedenen Tagesabläufe u. dgl.

e) Leben als Gebet

Neben diesen erwähnten Kategorien gilt aber auch das ganze Leben als ein großes Gebet. So zeigt sich *im Kleinen des Alltags* das Verborgene in der Seele. Als ein Beispiel sei das Autofahren genannt. In diesem geschützten Raum zeigen die Menschen oft viel leichter, „was in ihnen steckt" – und das ist meistens wesentlich schlimmer als ihre „Alltagsmaske", die sie normalerweise tragen. Diese Räume des Kleinen im Alltag sind sehr wichtig für das noëtische Gebet. Merken wir bspw., dass wir beim Autofahren (oder Umgang mit Untergebenen, Andersdenkenden u. dgl.) in bestimmten Situationen die Haltung verlieren und uns unchristlich verhalten, dann ist gerade *dieser Bereich* eine hervorragende Gelegenheit, geistige Übung zu halten. In diesem Fall wäre bspw. das Autofahren ein wichtiger Ort noëtischen Gebets.

6.3 Der Rote Faden

Es ist nicht möglich, den ganzen Tag wörtlich zu beten – außer vielleicht für manche Eremiten. Das Typikon muss unbedingt realistisch sein, dennoch bei der geistigen Entwicklung helfen und nicht über die Kräfte des Menschen hinausreichen. Ansonsten wird er daran letztlich scheitern.[26] Der geistliche Vater hilft ein gesundes Pensum zu finden. Für die, die viel beten wollen, sollte es weniger fordern, und für jene, die weniger Gebet wollen, hingegen etwas mehr.

Es geht nicht darum, eine Quantität oder Leistung mit dem Typikon zu zeigen, sondern einen *Trainingsplan* zu haben. Der Asket sollte jeden Tag verzeichnen, wie er die einzelnen Aufgaben erfüllt hat. Daran kann die Entwicklung sehr leicht abgelesen werden. In Krisenzeiten hilft das gezielte Festhalten am Typikon durch diese kritische Phase zu kommen, ohne die

---

26 Siehe Abschnitt *Versuchung durch die eigene Stärke*.

Orientierung zu verlieren. Letztlich ist das Typikon ein „Roter Faden“ des geistigen Lebens, der sich durch den Alltag zieht.

Neben dem Typikon bilden aber auch die kleinen persönlichen Gesten einen wesentlichen Teil des *Roten Fadens*. So das Hören von geistiger Musik, das Bekreuzigen vor jeder Kirche u. dgl. Diese Gesten durchziehen den Alltag mit dem genannten Roten Faden. Der Rote Faden ist dabei nichts anderes als das Ruhen des Geistes *(nous)* im Herzen, das durch verschiedenste – auch ganz einfache und alltägliche – Gebetsformen unterstützt wird. „Gebet“ ist dabei nicht nur ein gesprochenes Gebet, sondern jeder Akt, der an Gott erinnert und *den Nous ins Herz bringt.*

6.4 Philomartyria

Ausdrücklich sei hier noch einmal auf die Dynamik im Gebetsleben hingewiesen: Es gibt Zeiten, da hält man das Typikon stringent durch, aber dann kommen auch Zeiten der geistigen Trockenheit. In dieser *Wüstenzeit* sollte eine wahre Freude erkannt werden. Dies erscheint zuerst einmal wiedersinnig. Aber in diesen

Zeiten ist das Halten des Typikons eine Herkulesarbeit und der Rückzug der göttlichen Gnade, die uns ansonsten dabei unterstützt, gibt *seltene* Gelegenheit zu üben und vor allem Christus näher zu kommen. Das Fliehen der Krisen- oder Stresssituationen läßt diese seltene Chance entgehen.

Hierbei sollte aber nicht ein masochistischer Geist verengter Spiritualität des 19. Jh. gepflegt werden. Das Leid ist nicht gut und der Stress genauso wenig. Ein leidender Mensch ist kein besserer Christ.

Vielmehr soll die *Philomartyria* den Menschen befreien, indem der *Perspektivwechsel im Hinblick auf Widerstände* – nämlich, dass in jeder Krise eine Chance steckt, den Geist *(nous)* zu reinigen, zu erleuchten und zu vergotten – stattfindet und dadurch jede Krisen- oder Stresssituation nicht mehr Angst oder Stress hervorruft, sondern Freude darüber, dieses Leid zusammen mit Jesus anzunehmen, durchzustehen und zu verklären, um es letztlich *in Christo* zu vernichten. Das Leid erscheint dem Erleuchteten als wirkliches Leid, aber auch als Freude darin Gott näher zu kommen, denn er leidet im Leidenden vor aller Zeit und lässt ihn nicht allein in diesen Zeiten. Vielmehr verspricht er im Kreuz das Heil, also Freude. Leid ist für den Weltmenschen nur Ärgernis und Torheit, für den Gottsuchenden aber eine Chance für Begegnung.

II. Noëtische Übungen

In diesem Kapitel werden noëtische Übungen vorgestellt, um die vorgestellte hesychastische Gebetsmethoden zu konkretisieren. Als Basis des geistigen Lebens werden ein sakramentales Leben, Kenntnis über
den Glauben und geistige Begleitung vorausgesetzt.
Die einzelnen Abschnitte sollten nicht hintereinander schnell durchgearbeitet werden, sondern stellen
vor, welche Übungen möglich sind. Nach einem ersten
Überblick sollte man mit den einfacheren Übungen
beginnen und sich längere Zeit – dies hängt von der
Erfahrung des Einzelnen ab – damit beschäftigen. Je
länger man sich damit Zeit nimmt, desto besser ist es.

*Ein wichtiges Wort der Warnung vorneweg: Man hüte
sich vor westlichem Moralismus und Perfektionismus in
den geistigen Übungen. Fehler zu machen gehört zum*
realistischen *Prozess dazu. Damit es nicht in einen
Laxismus oder Rigorismus abgleitet, sollte ein erfahrener
geistiger Begleiter hinzugezogen werden. Fällt man, dann
stehe man einfach auf und mache weiter, nach dem Wort:
„Nun geh, und sündige nicht mehr."*

1. Jesusgebet

Beim noëtischen Gebet ist das Jesusgebet immer von zentraler Bedeutung. Es hat den Vorteil einer konzentrierten Kürze, Wiederholbarkeit und Einfachheit. Kurz gesagt: *Es wird schnell langweilig* – und das ist gewollt. Man spricht hintereinander einfach die Worte „Herr Jesus Christ, Sohn Gottes, erbarme Dich mir Sünder!" Anfänger sollten täglich dreimal je fünf Minuten oder zweimal je zehn Minuten das Gebet einüben, wie es jeweils besser in den Tagesablauf zu integrieren ist. Wichtig ist, dass man sich an das Gebet gewöhnt, dass es in Fleisch und Blut übergeht. Hier sollte viel Zeit eingeplant werden.

Noëtische Übung:

Bete das Jesusgebet täglich (falls du noch kein Pensum von Deinem geistigen Vater aufgetragen bekommst: 10 Minuten, mit Wecker, morgens und abends).

2. Noëtische Aufmerksamkeit

Das noëtische Gebet besteht nicht nur aus dem expliziten Gebet, sondern auch aus noëtischer Aufmerksamkeit und Askese. Auf dem späteren geistigen Weg ist zudem die Kenntnis der eigenen Schwächen und Stärken wichtig. Folgende Grundübung hilft zum einen, sich noëtisch kennenzulernen – in anderen Worten: Was einen konkret am meisten ablenkt! – und zum anderen, den Geist *(nous)* zu trainieren, diesen Ablenkungen nicht nachzugeben.

Wenn man beim längeren Beten abgelenkt wird, dann sollte man in der Retrospektive des Gebetes (nicht so sehr während des Gebetes selbst!) nochmal reflektieren, was einen am meisten abgelenkt hat. Dabei kann das anthropologische Modell der Seelenbereiche Körper, Sinne, Ratio, Emotionen, Phantasie und Memoria eine Hilfe sein. So lassen sich für das nächste Gebet äußere Faktoren leicht abstellen. Als Beispiel: Wird man oft durch Störgeräusche (Sinne) abgelenkt, sollte man einen ruhigen Ort zum Beten aufsuchen. Innere Ablenkungen hingegen, wie das Gefühl der Langeweile (Emotion) oder Sorgen die plötzlich aufsteigen (Memoria), bleiben wesentlicher Teil der noëtischen Übung: Während des Gebets – wenn einem bewusst wird, dass ein bestimmter Bereich wieder das

Gebet stört – läßt man mit dem Geist (*nous*) diesen Seelenbereich „wie eine heiße Kartoffel" los, ignoriert ihn, läßt ihn wie Wolken vorüberziehen und richtet sich allein auf das bewusst gesprochene Jesusgebet und den Herrn selbst aus.

Noëtische Übung:

Bete das Jesusgebet. Beobachte in welche Seelenbereiche dein Geist (nous) *abgelenkt wird: Körper, Sinne, Ratio, Emotionen, Phantasie oder Memoria.*

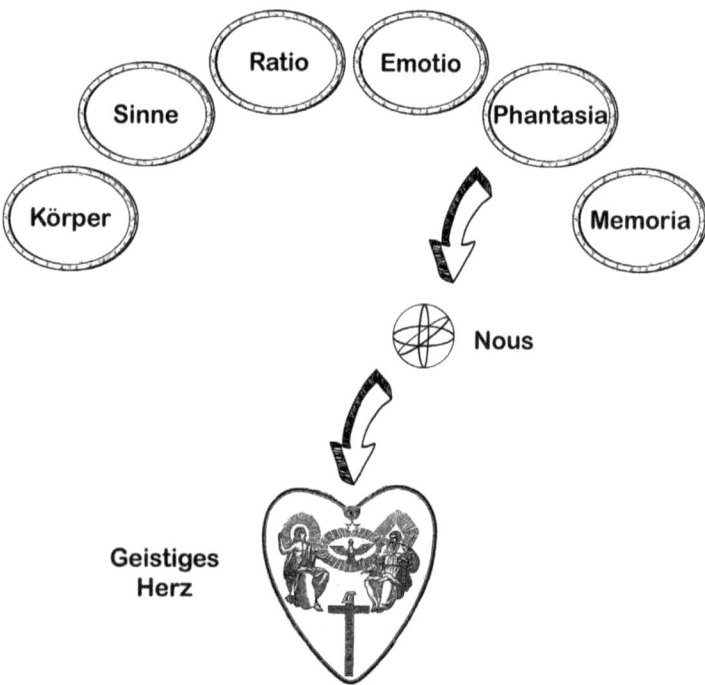

3. Das Herz öffnen

Es gibt verschiedene Ansätze, um das Beten *de profundis* zu erleichtern. Grundsätzlich soll jedes Gebet von einer *metánoia* eingeleitet sein, also einer Abwendung von der äußeren Welt und einer Hinwendung zu Gott; dies ist der ganze Sinn von Gebet. Dieses Um-denken kann erleichtert werden durch verschiedene Einleitungen vor dem Jesusgebet.

Noëtische Übungen:

a) „Herz öffnen„ für das Jesusgebet – Zuerst betrachte den Hymnus der Karwoche (siehe den Text unten und gerne auch mit Musik: Alleluia, Behold the Bridegroom, St. Petersburg Chamber Choir), anschließend 15 min. Jesusgebet – oder das Gebet: „Heilig, Heilig, Heilig bist Du, o Gott; durch die Fürbitten der Gottesgebärerin erbarme Dich unser!„. Der Hymnus der Karwoche lautet:

Siehe, der Bräutigam kommt in der Mitte der Nacht, und selig ist der Knecht, den Er wachend findet, doch unwürdig ist der, den Er schlafend findet.
Siehe also zu, meine Seele, dass Du nicht vom Schlaf befallen wirst, damit du nicht dem Tode übergeben und vom Reiche ausgeschlossen wirst; sondern sei nüchtern und rufe: „Heilig, Heilig, Heilig bist Du, o

Gott; durch die Fürbitten der Gottesgebärerin erbarme Dich unser!"

b) „Herz öffnen„ für das Jesusgebet – Zuerst, folgende Betrachtung, anschließend 20 min. Jesusgebet:

Der hl. Sofrony stellte sich vor dem Jesusgebet vor, dass die zweite Wiederkunft Christi angebrochen sei. In großem Glanz und mit großer Freude kommt der göttliche Bräutigam, um seine Braut, die würdigen Menschen, abzuholen. Christus nimmt in seinem glorreichen Hochzeitszug alle Menschen der Welt mit sich in den Himmel. Sofrony stellte sich vor, wie dieser leuchtende Zug frohlockender Menschen mit dem Herrn langsam zum Himmel hochzieht. Nur er alleine bleibt zurück, weil er nicht umgekehrt ist zum Herrn und die Reue für seine Sünden nicht groß genug war. In dieser großen Trauer versucht er einen letzten verzweifelten Versuch, Jesus zu erreichen, und ruft aus tiefster Seele Ihm hinterher: „Herr Jesus Christus, Sohn Gottes, hab Erbarmen mit mir Sünder!"

4. Noëtische Bibelbetrachtung

Die Kontemplation oder Meditation von Schrifttexten allein ist kein noëtisches Gebet, hat aber auch seine wertvollen Früchte. Zum noëtischen Gebet wird es, wenn es den Text nur als Ausgangspunkt nimmt und in den Seelenbereichen der Ratio, Emotion und Phantasie regelrecht *Schwung* nimmt, um dann aber ins noëtische Gebet zu gelangen.

Vorbereitung: Die Bibel und die Stelle, welche man betrachten möchte. Auch sollte ausreichend Zeit zur Betrachtung sein (min. 20 Min.) sowie Stille und Frieden. Zu empfehlen ist, dass die Lectio divina *regelmäßig gehalten wird.*

1) Halte einige Minuten vollkommene Stille. Es sollte an nichts gedacht werden. Kommen Gedanken, lässt man sie einfach wieder los. Die Betrachtung des Ein- und Ausatmens kann hilfreich sein.

2) Zu Beginn ein Gebet zum Heiligen Geist, um Öffnung des Herzens und Sammlung des Verstandes.

3) Lese die zu betrachtende Schriftstelle mehrmals, so dass du ihn gut kennst – nicht im Sinne eines Aus-

wendiglernens, vielmehr dass du ihn im Geiste Revue passieren lassen kannst.

4) Erneut eine kurze Stille.

5) Nun vergegenwärtige dir den gelesenen Text. Stelle dir genau vor, wie damals die Atmosphäre war; welche Gerüche, Farben, Bilder nimmst du wahr u. dgl. Führe dir die Szene genau vor Augen.

6) Nun wähle eine Person, die in der geschilderten Szene anwesend war: Jesus, ein Jünger, irgendeine Frau oder ein Mann oder ein Kind, das dabei stand – sei es als Hauptakteur oder nur als Zeuge. Nun durchlebe die ganze Szene mit den Augen der gewählten Person noch einmal. Gründlich und in jedem Detail (dies ist die Hauptbetrachtung!) ist das Durchleben zu führen.

7) Falls dich ein Wort oder Satz besonders getroffen hat: kehre zurück zu diesem am Ende der Betrachtung. Wenn nicht: Durchlebe die Szene noch einmal oder zweimal. Falls nichts kommt, ist es auch gut.

8) Falls ein Wort oder Satz dich besonders getroffen hat, dann wiederhole es etwa ein, zwei Minuten. Forme das Wort oder den Satz zu einem Gebet – mit eigenen Worten.

9) Am Ende danke dem Herrn für diese wertvoll Zeit (unabhängig, ob man etwas „gefühlt„ hat, ein Wort

oder Satz gefunden hat oder nicht! – dies ist nicht ent-
scheidend!). Halte noch einmal Stille. Nun kann das
Jesusgebet sich anschließen.

Eine Auswahl der Schriftstellen zur Betrachtung:

Mk 1,40–45	Mk 6,45–51	Lk 7,11–17
Mk 3,22–35	Mk 10,17–21	Lk 11,24–28
Mk 4,35–41	Mk 46-52	Joh 2,1–11
Mk 5,21ff.35–43	Mt 9,32–33	Joh 4,47–53
Joh 6,1–13		Joh 11,1–45

5. Ikone mit geschlossenen Augen betrachten

Johannes Chrysostomos soll geraten haben, die Ikone mit geschlossenen Augen zu betrachten. Dahinter verbirgt sich eine tiefe noëtische Wahrheit der Ikonentheologie. Das Bild selbst hat keinen Wert, es ist kein Idol. Es steht für Jemanden. Die Verehrung, die dem Bild zuteil wird, wird nicht dem Material (Holz, Kreide, Farbe, Lack u. dgl.) erwiesen, sondern dem Dargestellten. Die Ikonentheologie verlangt nach einer neuen Sicht auf den ganzen Kosmos: Wessen Energien stehen dahinter? Wer begegnet uns in der Schönheit des Alls, der Welt und des Menschen?

Damit eignen sich Ikonen besonders für das noëtische Gebet. Man kann zu Hause bei den eigenen Ikonen beten und insbesondere beim Besuch einer Kirche.

Noëtische Übung:

Stelle dich vor die Ikone und betrachte Sie. Mach dir bewusst, dass du nicht ein Bild anschaust, sondern Christus (die Gottesmutter, den Heiligen) selbst ganz nah und unmittelbar gegenüberstehst. „Das Heilige den Heiligen.“ Es findet eine Begegnung mit dem Heiligen in diesem Augenblick statt. Schließe nun die Augen und erinnere dich daran, dass du dem Heiligen gegenüberstehst. Beginne mit dem Gebet: „Herr Jesus Christus…" (oder „Allheilige Gottesgebärerin, rette uns!"; oder: „Heilige(r) N.N., bitte Christus für uns!")

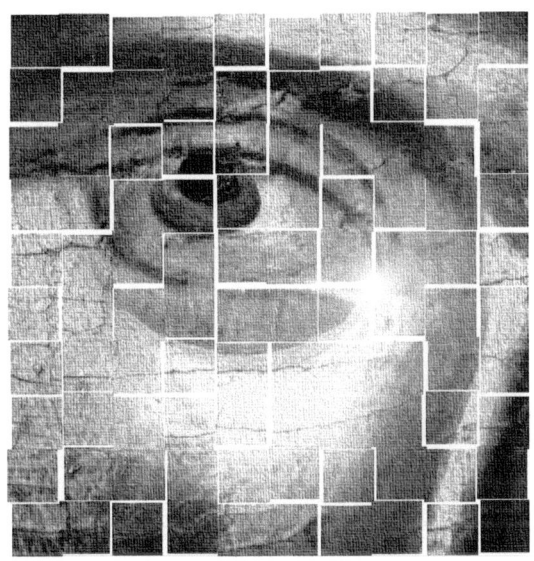

6. Fünf-Punkte-Methode

Die Fünf-Punkte-Methode von Metropolit Naum von Strumica ist eine erstaunlich einfache und zugleich höchst effektive Synthese der kirchenväterlichen Psychotherapie (dt. *Heilung der Seele*). Die fünf Schritte sollen im Grunde als Reaktion auf Versuchungen und Stresssituationen *gleichzeitig* ablaufen, was am Anfang nur schwer gelingt, aber mit Übung immer besser und effektiver wird. Diese hesychastische Methode gehört zur interessantesten Entwicklung moderner athonitischer Spiritualität. Sie bildet die Basis noëtischer Aufmerksamkeit gegen Versuchungen und ermöglicht die Erhaltung der Hesychia und Apátheia auch unter Anfechtungen.

Noëtische Übungen:

> *a) Lerne die 5 Punkte auswendig. Siehe Abschnitt zur Fünf-Punkte-Methode.*

> *b) Wende in den nächsten Wochen diese Methode täglich an, um zu sehen wie sie funktioniert.*

> *c) Mache die Fünf-Punkte-Methode zur grundlegenden Reaktion auf alle Versuchungen und negativen Situationen.*

d) Achte auf den Verlust der Apátheia in Versuchungen und beantworte die Situation mit der Fünf-Punkte-Methode (und ggf. mit Feindesliebe – siehe unten).

7. Indirekte Angriffe

Beim Fortschreiten auf dem geistigen Weg, vor allem bei guten und frommen Menschen, zeigen sich neue Arten der Versuchungen. Die schwersten sind die indirekte Angriffe: Man wird (zumeist völlig unschuldig) von einer anderen Person wegen etwas angegriffen. Die ungerechte Anklage schmerzt so sehr – ein Zeichen, dass der Hochmut noch stark in einem ist –, dass man darauf nach dem Prinzip „Auge um Auge, Zahn um Zahn" reagieren möchte. Man geht also auf die Angriffe ein und wehrt sich, argumentiert (Ratio), regt sich auf (Emotionen), erinnert sich an die Geschehnisse (Memoria) u. dgl. Mit anderen Worten: Unbemerkt hat der Böse es geschafft, durch den indirekten Angriff einen aus der Ruhe (der Hesychia und Apátheia) zu bringen. Der Geist *(nous)* ruht jetzt nicht mehr im Herz, sondern ist wieder an die Welt gefesselt. Von Stufe zwei, der Erleuchtung, ist man wieder gesunken auf Stufe eins, der Reinigung. Damit hat der Böse leichteres Spiel als zuvor.

Dieser indirekte Angriff ist tragisch, da der Angreifer uns als „Feind" erscheint. Tatsächlich ist aber der Böse der Urheber der Verführung. Unser Gegenangriff auf den Mitmenschen verstrickt aber beide in eine persönliche Feindschaft, in einen regelrechten *Teufels-*

kreis. Dies ist unbedingt zu vermeiden. Der Angreifer ist selbst Opfer und geistig viel weniger stark als der indirekt Angegriffene. Das muss uns Kraft geben: Wir, als geistig Starke, werden indirekt angegriffen. Unser Gegenüber wurde getäuscht. Dies ist dem Gegenüber aber freilich nicht zu erklären, es wäre fatal. Er könnte es nicht verstehen, würde es sogar als Beleidigung auffassen. Es gibt nur einen Ausweg aus diesem Teufelskreis: die Feindesliebe. Diese Kunst ist eine der Höchsten und wurde uns von Christus selbst gelehrt. Es dauert sehr lange sie zu verstehen, zu verinnerlichen und zu leben. Sie schmerzt sehr, da sie gegen den letzten Feind in uns vorgeht: den Hochmut.

Noëtische Übungen:

a) Denk zurück: Wann hast Du indirekte Angriffe schon erlebt?

b) Hast Du dabei nach dem alttestamentlichen Prinzip Auge um Auge („Ich wehre mich!") gehandelt? Oder nach dem neutestamentlichen Prinzip des Vaterunser („wie auch wir vergeben unseren Schuldigern")?

c) Beim nächsten Angriff antworte konsequent demütig, entschuldige dich (sic!), versuche den Angreifer liebevoll und höflich zu versöhnen, ohne in der Sache dominieren zu wollen.

8. Versuchung in der eigenen Stärke

Bei geistig erfahrenen Menschen, besonders bei den Herausragenden, kann folgendes Väterwort wichtig werden: *Gott rettet uns in unserer Schwachheit und der Teufel bringt uns durch unsere Stärke zu Fall.* Daher sollte man es sich bewusst machen, was für ein Mensch man ist. Welche Talente verwaltet man? Worin ist man besonders gut? Neben den eigenen Schwächen sollte man auch die eigenen Stärken beobachten.

Noëtische Übungen:

a) Welche sind deine Talente? Worin bist du stark?

b) Hast du schon einmal erlebt, dass du gerade in deinen Stärken zu Fall gekommen bist?

c) Wie könnte der böse Feind diese Stärken zu einem Fall ausnutzen?

III. Noëtischer Irrtum

Auf dem geistigen Weg drohen verschiedene Schwierigkeiten. Eine tückische Sackgasse ist der *noëtische Irrtum* (gr. *planê,* slav. *prelest)* oder auch *Täuschung* bzw. *Illusion.* Das Problematische daran ist der feste Glaube auf dem richtigen Weg zu sein, während die, welche einen auf den Irrtum hinweisen, als Sich-Irrende verurteilt werden.

1. Ungehorsam

Auf der ersten Stufe der Reinigung ist unbedingter Gehorsam dem geistigen Vater in den noëtischen Fragen zu leisten. Es geht hier nicht um Kadavergehorsam oder Überhöhung des geistigen Begleiters – ganz zu schweigen von Übergrifflichkeiten, die in den Bereich des gefährlichen geistigen Missbrauchs führen könnten –, sondern um eine bewusste Entäußerung (gr. *kénôsis*), um der Geltungssucht zu entkommen. Dieses Leerwerden ist ein bedeutender Schritt, um empfänglich zu werden für die göttliche Gnade.

Es gehört zum normalen Prozess des geistigen Fortschritts, dass in der *Dynamik der Gnade* nach anfäng-

licher Begeisterung über den geistigen Vater eine erste
Skepsis ihm gegenüber und dann auch eine Ablehnung
aufkommt. Die Überwindung dieses aufkommenden
Ungehorsams ist ein Schlüsselmoment im geistigen
Leben und kann zu einer sehr großen Herausforderung werden. Diese Herausforderung ist jedoch allein
im eigenen Stolz des Menschen begründet, der nach
einer Phase des Lernens rasch selbst zum Lehrer werden möchte – zumindest sein eigener. Dies äußert sich
zum einen darin, dass immer mehr Fehler am geistigen
Vater entdeckt werden und diese einen immer mehr
stören. Zum anderen erscheint es einem, dass man
persönlich *ganz anders ist* und deshalb die Ratschläge
des geistigen Vaters nicht anwendbar seien, da er nicht
verstehe, dass in diesem persönlichen Ausnahmefall es
anders als sonst laufen müsse. Mit anderen Worten: Es
erscheint einem, dass man geistig viel weiter ist und
der geistliche Vater dies nicht merkt und einen zurück-
hält. Das Typikon erscheint langweilig und man sehnt
sich nach etwas Neuem. Der Asket in solcher Lage ist
in einem *noëtischen Irrtum* und jedes Beharren des
geistigen Vaters, man hätte ihm das vor Monaten vor-
ausgesagt, dass dies eintreten werde – um ihn auf diesen Schlüsselmoment vorzubereiten –, schiebt er stur
zur Seite.

Tatsächlich sei an dieser Stelle auf einen teuflischen Fallstrick hingewiesen. Das hohe Gut des Gehorsams kann als Stärke auch missbraucht werden, indem ein Asket naiv auf den geistigen Vater vertraut – in bewundernswerter Frömmigkeit und Hingabe – und dieser das Vertrauen ausnutzt, um persönliche Ziele zu erreichen. Nicht wenige, die gerne geistliche Väter genannt werden möchten, sind geistig und menschlich unreif. Gerade diese schaffen es nicht, selber Gehorsam ihrem geistigen Vater gegenüber aufzubringen und wollen viel zu früh selbst geistige Väter „spielen". Manche kommen auch mit ihrem persönlichen Scheitern auf dem geistigen Weg nicht klar und überspielen die eigenen Unzulänglichkeiten, denen man sich hätte unbedingt zuwenden müsste. Statt dessen versuchen sie andere zu „führen", was zu tragischen Folgen führen kann. Falsche „geistige Väter" sind eine der schlimmsten Formen des noëtischen Irrtums, bei dem man nicht nur sich selbst Schaden zufügt, sondern viele andere Menschen schwer gefährden kann. Geistiger Missbrauch ist unbedingt zu vermeiden, ganz zu schweigen vom körperlichen, der daraus erwachsen kann.

Wer Gehorsamkeit übt, muss seinen Verstand (*diánoia*) keinesfalls ausschalten. Gesunder Gehorsam bricht keinen Willen und überfordert das geistige Kind niemals. In diesem Sinn ist das prophetische Wort über den einzigen geistigen *Lehrer* und *Meister* grundlegend:

Siehe, das ist mein Knecht, den ich stütze; das ist mein Erwählter, an dem ich Gefallen finde. Ich habe meinen Geist auf ihn gelegt und er bringt den Menschen das Recht. Er schreit nicht und lärmt nicht, und lässt seine Stimme nicht auf der Gasse erschallen. Das geknickte Rohr zerbricht er nicht und den glimmenden Docht löscht er nicht aus; ja, er bringt wirklich das Recht.

Jes 42,1ss

Der Gehorsam bleibt also eine gefährliche Sache, gerade in heutiger Zeit und ihrer Skepsis gegenüber jeder Autorität und dem Klerus gegenüber, und muss deshalb von allen Seiten aufmerksam reflektiert werden. Insbesondere die Bischöfe müssen sich ihrer Verantwortung auf diesem Gebiet bewusst sein und nicht zögern, scharfe Sanktionen zu verhängen und nur qualifizierte und geprüfte geistige Väter zur Seelenführung zulassen. Nichtsdestoweniger kann der Gehorsam insgesamt nicht umgangen werden. Aufmerksame und reflektierte Demut und entsprechender Gehorsam sind durchaus auch heute noch möglich.

2. Laxismus

Es gehört zu einem realistischen Umgang mit der Sünde, dass man sich dessen bewußt bleibt, dass der geistige Mensch fällt und immer wieder sündigt. Dies geschieht häufig auf der ersten Stufe, aber auch auf der zweiten, der Erleuchtung – der Unterschied ist jedoch schnell sichtbar in der Schnelle und Tiefe der Reue, die der Sünde folgt. Dieser realistische Umgang sollte aber keinesfalls – insbesondere im Hinblick auf die Dynamik der Gnade, die hier ebenso einen Effekt der „Routine" verstärkt – zum Laxismus führen.

Die Folgen der Sünde besteht darin, dass sie die Leidenschaften anwachsen lassen und es dadurch schwer machen, den Geist *(nous)* aus der Welt ins Herz zu bringen. Nach der begangenen Sünde merkt man dies recht leicht spürbar gerade im Gebet. Befindet man sich jedoch im noëtischen Irrtum, indem man meint, diese Sünden seien nicht weiter schlimm bzw. – noch schlimmer – sie „gehörten zu einem", dann ist jeder Fortschritt für immer verbaut. Man gewöhnt sich an ein verflachtes Gebet und eine laue Lebensführung. Die Leidenschaften werden indes so mächtig – meistens im Verborgenen –, dass sie eines Tages den eigenen Willen überwältigen.

Der Kern dieses Irrtums ist der Fehler, die eingegebenen Gedanken mit sich zu identifizieren. Dies ist unbedingt zu meiden. Die Gedanken *(logismoí)* werden,
wenn sie zur Sünde führen, vom Bösen eingegeben
und gehören nicht zu einem selbst, wohl aber die Entscheidung, ihnen zu folgen oder gegen sie zu arbeiten.
Auch die selbst entwickelten Leidenschaften, die wir oft
als schlechte Gewohnheiten wahrnehmen, sind uns im
Wesen fremd und gehören dem Bösen. Sie müssen ausgehungert werden (durch langfristige geistige Übung),
mit dem Ziel, sie ganz loszuwerden. Sich mit ihnen zu
arrangieren oder mit ihnen zu leben, führt in den Irrtum.

Auch hier zeigt sich die teuflische Tücke: Durch die
Versuchung in der Stärke droht der Mensch im Versuch, sich nicht mit der Sünde zu arrangieren, an ihr
zu zerbrechen. Dies ist vor allem im sexuellen Bereich
möglich, in dem der Körper (biologisch und psychologisch) selbst eine starke Kraft auf den Geist ausübt.
In diesem erneuten noëtischen Dilemma muss ähnlich
wie beim Gehorsam vorgegangen werden. Die hesychastische Spiritualität stellt ja ohnehin Christus ganz
in den Mittelpunkt allen Strebens und versucht eben

nicht die Sünde in den Fokus des geistigen Kampfes (Moralisieren) zu stellen. Im Kampf gegen den Irrtum der Laxheit muss vor allem darauf geachtet werden, dass man diesen Fokus nicht wieder verliert. Eine reflektierte Aufmerksamkeit muss auch hier eingeübt werden. *Man arbeite nicht gegen Körper und Geist, sondern immer mit und für ihn.*

3. Rigorismus

Das Gegenteil von Laxismus ist die Übertreibung einer vermeintlichen Erfüllung von Pflichten im geistigen Leben: der Rigorismus. Hier erscheint eine ganze Bandbreite, die vor allem eine *Versuchung in der eigenen Stärke* ist. Daher gilt hier grundsätzlich das Gesagte zu diesem Thema (siehe Abschnitt zur *Versuchung in der eigenen Stärke*). Die goldene Mitte zwischen Laxismus und Rigorismus ist nicht im moralischen Bereich zu suchen, sondern in einer grundsätzlichen Vermeidung von Übertreibungen in allen Lebensbereichen.

4. Philetismus

Eine gänzlich andere Form der *Versuchung in der eigenen Stärke* ist der Philetismus. Dieser kann national oder rassistisch (Ethnophiletismus, kurz: Philetismus) oder religiös sein. Dabei gerät man unbemerkt in den noëtischen Irrtum, man selbst gehöre mit der *eigenen* Gruppe – dies kann die Ethnie, die Nation, das Land, die Rasse, die Konfession, die kirchliche Jurisdiktion u. dgl. sein – zu der einzig geretteten bzw. anderen Gruppen überlegenen Entität. Dieser noëtische Irrtum tritt auf, weil man nicht selber *hochmütig* ist, sondern eine ganze Gruppe dieser Ideologie anhängt und deshalb schätzt man sich persönlich als besonders demütig ein, ohne die Ausgrenzung der Anderen zu merken. Selbst sehr fromme Menschen und insbesondere die Mönche merken diesen Irrtum nicht. Hier ist nicht zu vergessen, dass das Ziel des geistigen Weges die Theosis ist, die Einheit des Menschen mit Gott, aber eben auch mit *allen* Menschen. Einem selbst obliegt es nicht, die anderen zu richten oder zu entscheiden, wer gerettet bzw. auserwählt ist und wer nicht.[27] Der Ethnophiletismus zeigt sich heute leider als *Panhäresie*[28], ebenso

---

27 Auch die Bischöfe sind hier vorsichtig, trotz ihres besonderen Auftrages.

28 D. h. ubiquitäre Irrlehre, die überall verbreitet sowie je-

ein naiver, laxer Erzökumenismus im Sinne völliger Einebnung jeglicher Orthodoxie und noch mehr die überhebliche Ablehnung des interkonfessionellen und -religiösen Dialogs. Die Gleichnisse vom barmherzigen Samariter[29] und den Schafen und Böcken[30] sind essentielle Eckpfeiler des Evangeliums und warnen vor jeder Form des Philetismus. Das Urteilen und Verurteilen müssen in der noëtischen Aufmerksamkeit auf allen Ebenen verhindert werden. Ziel ist immer: *Ut unum sint.* Jeder Schritt der Ausgrenzt ist gefährlich und in der Kirche nur den Bischöfen vorbehalten, nicht aber Klerikern oder Mönchen. Die Menschen unter uns, die die höchste Stufe der geistigen Entwicklung, die Theosis, erreicht haben, erstaunen über ihre Liebe und Barmherzigkeit zu *allen* Menschen und lehren uns, niemals den Menschen zu verurteilen.[31]

Jesus aber sprach: Ein Mann hatte zwei Söhne. Der jüngere von ihnen sprach zu ihm: Vater, gib mir den Teil des Vermögens, der mir zufällt! Und er teilte ihnen das Erbe. Nach wenigen Tagen packte der jüngere Sohn alles zusammen und reiste weit weg in ein fernes Land. Dort verschleuderte er sein Vermögen, indem

---

derzeit vorhanden ist.

29 Lk 10,25–37.

30 Mt 25,31–46.

31 Lk 15.

er verschwenderisch lebte. Als er aber alles verzehrt hatte, kam eine gewaltige Hungersnot über das Land, und auch er selbst fing an, Mangel zu leiden. So ging er hin und bat einen Bürger des Landes um Hilfe. Dieser schickte ihn auf seine Äcker, die Schweine zu hüten. Dort sehnte er sich seinen Bauch mit den Futterschoten der Schweine zu füllen, aber niemand gab ihm davon. Dann besann er sich und sprach: Wie viele Tagelöhner meines Vaters haben Überfluss an Brot, ich aber komme hier um vor Hunger. Ich will mich zu meinem Vater aufmachen und will zu ihm sagen: Vater, ich habe gesündigt gegen den Himmel und gegen dich. Ich bin nicht mehr würdig, dein Sohn zu sein! Mach mich zu einem deiner Tagelöhner!

Und so machte er sich auf und ging zu seinem Vater. Als er aber noch fern war, sah ihn schon sein Vater kommen und wurde innerlich bewegt und lief zu ihm hin und fiel ihm um den Hals und küsste ihn. Der Sohn aber sprach: Vater, ich habe gesündigt gegen den Himmel und gegen dich. Ich bin nicht mehr würdig, dein Sohn zu sein. Der Vater aber sprach zu seinen Dienern: Bringt schnell das beste Gewand heraus und zieht es ihm an! Steckt ihm einen Ring an seine Hand und Sandalen an seine Füße! Und bringt das beste Kalb her und schlachtet es, lasst uns essen und fröhlich sein! Denn dieser mein Sohn war tot und lebt wieder! Er war verloren und ist wiedergefunden worden. Und sie fingen an, fröhlich zu sein.

Lk 15,11–24

5. Kleine Dinge

In den kleinen Dingen zeigt sich das Große – dies bedeutet aber auch im Umkehrschluss, dass wir große geistige Schritte gerade in den kleinen Dingen wesentlich vorbereiten.

Es gibt sehr verbreitete Gewohnheiten der modernen Welt, die als allgemein akzeptiert sowie in den Medien und der Welt omnipräsent sind. Hier kann sich der noëtische Irrtum entwickeln, an ihnen nicht arbeiten zu müssen.

Einige Beispiele sollen dies illustrieren. So ist das Fluchen oder unachtsame Verwenden der Sprache das satanische „Jesusgebet", das eben nicht zu Jesus, sondern von Ihm wegführt. Ebenso ist das *schlechte Reden* über Dritte, hinter ihrem Rücken, eine satanische „Liturgie", die tief trennt und zerstört und nicht sammelt. Noch tragischer ist es, dass letzteres gerade auch in der Kirche und in Klöstern anzutreffen ist. Diese Angewohnheiten sind sofort und ohne Ausnahme zu meiden.

Genauso strikt ist Alkohol-, Drogen- und Medikamentenmissbrauch zu fliehen. Diese haben auf den Geist *(nous)* einen verheerenden Einfluss, dem er sich nicht entziehen kann. Dieser Grundfehler ist aufs genauste zu meiden.

Wahllose sexuelle Beziehungen ohne Liebe und ohne die Absicht, dem Anderen – und nicht seiner eigenen sexuellen Befriedigung, eine noëtische Illusion besonderer Art! – zu dienen, pervertiert das geistige Herz. Das Herz ist ja dazu gemacht, Gott und alle Menschen in *selbstloser* Liebe *(gr. agápe)* aufzunehmen. Nikólaos Kavásilas sagt: *Die Herzen der Menschen sind groß genug, um Gott in sich aufzunehmen.*[32] Liebt man nun in extrem hoher Zahl ständig neue Menschen rein sexuell, ohne sie geistig zu lieben, entsteht ein Herz aus Stein. Das immer wieder zerbrechende Band von Herz zu Herz verletzt den Kern der Seele in einer schwerwiegenden Weise, so dass es immer schwerer fällt, einen neuen Menschen wirklich *de profundis* zu lieben (im Sinne der *agápe*, also selbstlos). Aber auch die Beziehung zu Gott wird unmöglich gemacht, da das Herz sich nicht mehr öffnen kann. Im noëtischen Irrtum glaubt man nicht selten, immer mehr Menschen (sexuell) lieben zu müssen, um den „Richtigen" zu finden. *Enthaltsamkeit* – etwas, das vor der Verachtung heutigen Gesellschaft dem Martyrium gleichkommt – ist ein gutes Gegenmittel im geistigen Kampf dagegen.

Das Internet hat alles unsagbar beschleunigt. Die Tick-Tock-Generation hat nur noch wenige Sekunden

---

32 Nikólaos Kavásilas: *Leben in Christo*, 2.E.

Aufmerksamkeitsspanne, bevor das nächste Neue und Aufregende und Endorphinausschüttende kommen muss. Diese Entwicklung ist von den großen Internetkonzernen bewusst psychologisch entwickelt und immer weiter gesteigert worden. Diese extreme Ablenkung ist aber in der ganzen modernen Gesellschaft zum geistigen Leitmotiv geworden. Der *heilenden Hesychia* – nicht nur die hörbare Stille, sondern eben auch die des Geistes *(nous)* – wird in diesem noëtischen Irrtum durch den Vorwurf der vermeintlichen *Langeweile* ausgespielt. Hier ist darauf zu achten, dass ohne Hesychia der Mensch oberflächlich und gehetzt lebt, sein Geist *(nous)* ist ständig zerteilt und zerstreut in der Welt. Aber jeder Mensch spürt dennoch: ihm fehlt *etwas*. Der Irrtum verhindert aber tragischerweise jedes tiefere Nachdenken, was dies sein könnte.

IV. Hesychastische Anthropologie

Um ein erfülltes Leben zu führen, ist es lohnenswert, *den Menschen*, sein Denken und Leben näher zu betrachten. Gerade das geistige Leben ist systematisch und geordnet zu führen. Gleich einer weltlichen Kunst oder Wissenschaft, in der Einübung und schrittweises Voranschreiten natürlich sind, kann die Verklärung des Menschen einfach und präzise beschrieben werden. Die Mönchsväter der ersten Jahrhunderte gingen in die Wüste, um – man könnte in modernen Worte sagen – unter Laborbedingungen das Denken, die Gefühle, die Freude und das Leid des Menschen zu untersuchen.[33] Neben der äußeren Stille entstand so eine geistige Stille des Denkens, die auch noëtische Stille oder Hêsychía (griechisch für Ruhe, Stille) genannt wird. Feinste Regungen des Denkens, der Gedanken u. dgl. untersuchten die Wüstenväter auf ihre Folgen für das Handeln und den geistigen Fortschritt des Menschen. Unter den zahlreichen Väterquellen sind vor allem die Wer-

---

33 Hierotheos Vlachos: *A Night in the Desert of the Holy Mountain: Discussion with a hermit on Jesus prayer*, Levadia, Greece: Birth of the Theotokos Monastery 1991.

ke von Evagrios Pontikos[34], Makarios von Ägypten[35], Johannes Klimakos[36] bzw. verschiedene Sammlungen der Sprüche der Väter[37] zu nennen. Freilich endet das Erforschen und Formulieren systematischer Lebens-

---

34 Eine Auswahl wäre: Euagrios Pontikos: *Über die acht Ge-danken. Eingeleitet und übersetzt von G. Bunge.* Würzburg, 1992; *Briefe aus der Wüste.* Eingeleitet, übersetzt und kommentiert von G. Bunge. Trier, 1986; *Praktikos oder Der Mönch. Hundert Kapitel über das geistliche Leben.* Übersetzt von G. Bunge. Köln, 1989; *Die große Widerrede.* Übersetzt von L. Trunk. Münsterschwarzach, 2010; *Über das Gebet.* Eingeleitet und übersetzt von J. E. Bamberger. Münsterschwarzach, 2011.

35 Pseudo-Macarius: *The Fifty Spiritual Homilies and the Great Letter.* Hrsg. und übersetzt von George Maloney, Paulist Press, 1992.

36 Heiliger Johannes vom Sinai: *Klimax oder die Himmels-leiter.* Übersetzt von Geōrgios Makedos, Vorwort von Damianos, Erzbischof des Sinai, Der Christliche Osten, Würzburg 2000.

37 In Auswahl: *Sprüche der Väter. Apophthegmata Patrum.* Übersetzt v. P. Bonifatius, Graz 1963. Umfassend: Erich Schweitzer (Hg.): *Apophthegmata Patrum (Teil I): Das Alphabetikon (Weisungen der Väter),* Beuroner Kunstvlg 2012. Ders.: *Apophthegmata Patrum (Teil II): Die Ano-nyma (Weisungen der Väter).* Ders.: *Apophthegmata Pa-trum (Teil III): Aus frühen Sammlungen.* J.-C. Guy: *Les Apophtegmes des Pères. Collection systématique, Chapitres I-IX (= Sources Chrétiennes 387)* 1997. Siehe auch: Micha-el Schneider: *Aus den Quellen der Wüste. Die Bedeutung der frühen Mönchsväter für eine Spiritualität heute.* Köln ³2002.

weise und Gebetsmethoden nicht mit den Wüstenväter, sondern setzt sich bis heute fort. Während die
akademische Patrologie Kirchenväter nur in den ersten
sieben bis acht Jahrhunderten beachtet, gibt es in der
orthodoxen Kirche bis heute durch alle Zeiten immer
wieder geistige Väter und Mütter, die uns zu Älteren
(gr. *gerontas,* slaw. *starez*) im Glauben werden und uns
helfen, Christus näher zu kommen. Der Heilige Berg
Athos wurde so zu einem Ort der noëtischen Stille, der
bis heute ein Leuchtturm des Glaubens und des geistigen Lebens geblieben ist. Die wertvollste Sammlung
Philokalía[38] ist eine dort entstandene Sammlung der
Vätersprüche von der Wüstenzeit bis zu den großen
Väter des Mittelalters, wie Symeon den Neuen Theologen († 1022) und Gregorios Palamas († 1359). Aber
auch die Gegenwart ist geschmückt von geistigen Vätern, die Hilfe und Wegweiser geworden sind, für den

---

38 Sehr empfehlenswerte kürzere Sammlungen für die Erst-
leser: Manfred Baumotte (Hrsg.): *Einleitung von Igor
Smolitsch. Kleine Philokalie. Betrachtungen der Mönchsväter über das Herzensgebet.* Benziger, Zürich 1997. Umfassend: *Philokalie der heiligen Väter der Nüchternheit,* 5
Bände, Würzburg : Der Christliche Osten 2007; *The Philokalia, The Complete Text. Compiled by St Nikodimos of
the Holy Mountain and St Makarios of Corinth,* ins Engli-
sche übersetzt von G. E. H. Palmer, Philip Sherrard, Kal-
listos Ware, Bände 1-4, London-New York 1979–95.

IV. Hesychastische Anthropologie

modernen Menschen; so die heiligen Agioriten Siluan[39] († 1938), Païsios[40] († 1994), Sophroni[41] († 1993) und die anerkannten Altväter Joseph[42] der Hesychast († 1959), Ephraim[43] von Philotheou († 2019), Joseph von Vato-

---

39 Archimandrit Sophronius (Hrsg.): *Starez Siluan - Mönch vom Berg Athos : sein Leben und seine Lehre.* Patmos, Düsseldorf 2007; Manfred Baumotte (Hrsg.): *Starez Siluan: Mystische Schriften*, Zürich/Düsseldorf 1999.

40 Altvater Paissios der Agiorit: *Worte Band I: Mit Schmerz und Liebe für die Menschen von heute; Worte Band II: Geistige Erweckung; Worte Band III: Geistiger Kampf; Band IV: Familienleben; Worte Band V: Leidenschaften und Tugenden; Worte Band VI: Über das Gebet*, alle Bde. erschienen im Prodomos Verlag.

41 Archimandrit Sofronij: *Sein Leben ist mein*, Basel 2004; Archimandrite Sophrony Sakharov: *We Shall See Him as He is,* St Herman Press 2008. Hierotheos Vlachos: *I Know a Man in Christ: Elder Sophrony the Hesychast and Theologian.* Levadia, Greece: Holy Monastery of the Birth of the Theotokos 2015.

42 Elder Joseph the Hesychast: *Monastic Wisdom: The Letters of Elder Joseph the Hesychast*, Arizona : St. Anthony›s Greek Orthodox Monastery 1998; Elder Ephraim: *My Elder Joseph the Hesychast*, Arizona : St. Anthony›s Greek Orthodox Monastery 2013. Altvater Joseph der Hesychast: *Altvater Joseph der Hesychast-Erfahrungen und Weisungen*, Edition Hagia Sophia 2018.

43 Elder Ephraim of Arizona: *Counsels from the Holy Mountain: Selected from the Letters and Homilies of Elder Ephraim.* Florence, Arizona: St. Anthony›s Greek Orthodox Monastery, 1999.

pedi († 2009) und Georgios Kapsanis[44] von Grigoriou († 2014).

Die Väter lehrten zumeist von Angesicht zu Angesicht und begleiteten ihre geistigen Kinder über Jahre hinweg. Nur so kann man jedem einzelnen Menschen mit seinen je eigenen Bedürfnissen und Ansprüchen gerecht werden. In der heutigen Zeit wurden die Lehren der Väter zunehmend systematisch zusammengefasst. Dadurch entstand ein einfaches Modell des Menschen und seines geistigen Lebens sowie die wichtigsten Grundzüge der geistigen Übung als Zusammenfassung der Lehren der Kirchenväter, die im Folgenden dargestellt werden sollen. Ausgehend von John S. Romanides[45] († 2001) und Hierotheos Vlachos[46]

---

44 Archimandrit Georgios (Kapsanis): *Vergöttlichung: Das Ziel des Menschenlebens (Orthodoxe Quellen und Zeugnisse)*, übersetzt von Johannes A. Wolf, Athos 2009; *The Eros of Repentance: Four Homilies on Athonite Monasticism*, Pleroma Publishing 2016.

45 John S. Romanides: *The Ancestral Sin*. Ridgewood, New Jersey: Zephyr Publishing 2002; Ders.: *Patristic Theology*. Thessaloniki: Uncut Mountain Press 2008.

46 Hierotheos Vlachos: *Orthodox Psychotherapy: The Science of the Fathers*. Levadia, Greece: Birth of the Theotokos Monastery 1994; *Orthodox Spirituality: A Brief Introduction*. Levadia, Greece: Birth of the Theotokos Monastery 1994; *The Illness and Cure of the Soul in the Orthodox Tradition*. Levadia: Birth of the Theotokos Monastery Press 1993; *Hesychia and Theology: The Context for Man's Hea-*

folge ich vor allem Naum Ilievski, dem Metropoliten von Strumica in Nordmazedonien, der das nordmazedonische Mönchtum erneuert hat und wohl in seiner Vätersynthese einer der größten geistigen Väter der Gegenwart sein könnte.[47]

---

ling in the Orthodox Church. Levadia, Greece: Birth of the Theotokos Monastery 2007.

47 In diesem Buch folge ich wesentlich dem Werk: Metropolitan Nahum of Strumica: *Neither will I tell you...*, Monastery of the Entry of the Most Holy Theotokos Eleusa 2013. Dabei habe ich eine eigene Synthese des Inhalts und Ergänzungen hinzugefügt.

1. Positive Anthropologie

In einem ersten Schritt soll der Mensch und sein Denken *in der Welt* dargestellt werden. Es wird sich zeigen, dass diese *Psychologie* keineswegs den Menschen in seiner Ganzheit beschreibt – und noch mehr: das Wesentliche eben noch fehlt. Vielmehr beschreiben wir hier den kataphatischen bzw. positiven Teil der Anthropologie. Dabei wird ausgesagt, was der Mensch ist. Die kataphatischen bzw. positiven Aussagen sind *affirmative* Aussagen, d. h. *was* der Mensch ist, *wie* er ist. Das Gegenteil ist die apophatische bzw. negative Anthropologie (siehe das nächste Kapitel), die „versucht", den Teil des Menschseins auszusagen, der eigentlich „unsagbar, unfassbar, unbegreifbar und unbeschreibbar" ist. Positiv und negativ bedeutet folglich in der hesychastischen Theologie nicht gut und schlecht, und auch nicht positive Aussagen („Er ist groß!") und negative Aussagen („Er ist nicht groß!") – wie manchmal die kataphatisch-apophatische Theologie bei Kirchenvätern ausgelegt wird –, sondern etwas ist kataphatisch bzw. positiv aussagbar, wenn es in Worten sagbar ist, und etwas ist apophatisch bzw. negativ und nicht aussagbar, wenn es das menschliche Denken überhaupt und das empirisch Erfahrbare in der materiellen Welt übersteigt. So sind sämtliche kataphatischen Aussagen

149

über Gott („Er ist Einer in drei Personen!") nur ein
Schatten des wirklichen Wesens Gottes. Wahre Kenntnis über Gott bleibt immer eine empirisch geistige Erfahrung des einzelnen Menschen, sie ist ein besonderes
Wissen (gr. *gnôsis*), das nicht in Begriffen ausdrückbar
ist. In anderen Worten: Der menschliche Verstand
denkt in naturalistisch-materialistischen Begriffen und
diese können Gott nicht fassen, begreifen oder aussagen. Aber auch beim Menschen – immerhin ist er nach
dem Bild Gottes geschaffen – werden wir sehen, dass es
einen positiven, aussagbaren Teil des Menschseins und
einen negativen, nicht-aussagbaren Teil gibt.

Der Mensch ist eine Einheit von Leib und Seele, wie die
Heilige Schrift, besonders in ihrem Alten Testament,
und die Lehre der Väter einstimmig lehren.[48] Diese Einheit wird in der christlichen symbolischen oder prak-
tischen Rede von Leib, Geist und Seele (so bei Paulus)
aber niemals mit einer heidnisch-philosophischen Dichotomie oder einem Dualismus gleichgesetzt oder gar
diese heidnische Anthropologie übernommen. Auch

---

48 Vgl. John S. Romanidis: Man and his True Life: According to the Greek Orthodox Service Book, in: *The Greek
Orthodox Theological Review,* Vol. 1, Nr. 1 (1954), 63–83.

im folgenden Modell muss immer dieser Grundsatz mitgedacht werden. Die folgenden Differenzierungen sollen nur dem Verstehen der geistigen Prozesse helfen, nicht aber eine Dichotomie implizieren. Hier ist ausdrücklich Gregorios Palamas zu folgen, der die Einheit des Leibes und der Seele auch im kleinsten Teil immer wieder in seinen *Triaden* betonte und vor philosophischen Einflüssen in der Theologie warnte. Die folgende Systematisierung der menschlichen Vollzüge folgt demnach nicht aus wissenschaftlicher Forschung, sondern aus der geistigen Empirie der Kirchenväter und ihren Beobachtungen des Menschen auf seinem Weg zu Gott.

1.1 Nous – Das Auge der Seele

Der Geist, der denkende Verstand des Menschen wird von den Vätern griechisch *Nous* genannt. Wichtig ist den Geist *(nous)* differenziert vom intellektuellen Denken (dem *Nachdenken*) zu verstehen. Er bezeichnet das bewusste Denken des Menschen, das er sowohl absichtlich auf bestimmte Aufgaben lenken kann als auch abgelenkt und durch andere Einflüsse vereinnahmt werden kann. So kann der Geist *(nous)* seinen *biologischen* Körper spüren, die äußere Welt *sinnlich* wahrnehmen, intellektuell-logisch *nachdenken*, *Emotionen* fühlen, die *Phantasie* nutzen oder in der *Erinnerung* schwelgen.

Im Geist *(nous)* ist das Bewußtsein des Menschen verborgen. So kann der Nous, als *Auge der Seele*, nicht nur die einzelnen Seelenbereiche (Körper, Sinne, Intellekt, Emotionen, Phantasie, Erinnerung) in den Blick nehmen und sich darauf konzentrieren, sondern auch auf sich selbst. Diese reflexive Beobachtung macht das menschliche Bewusstsein, seinen Geist, aus.

Es werden sich aber noch zwei wesentliche Seiten des Nous zeigen: Zum einen, dass er nur ein Teil des menschlichen Ich ist - der bewusste. Zum anderen, dass etwas nicht in Ordnung mit ihm zu sein scheint. Doch zuvor sollen die einzelnen Seelenbereiche, in denen der Nous, der Geist und sein Denken, sich bewegen, näher betrachtet werden. In diesen Bereichen bewegt sich der Geist *(nous)* des Menschen.

1.2 Biologie

Wenn Gregorios Palamas die Einheit von Körper und Seele betont[49], dann hat das weiter reichende Implikationen, als in den üblichen jüdisch-alttestamentlichen Anthropologien angenommen wird. Aus den einfachen

---

49 Vgl. Gregorios Palamas: Triaden, I.

menschlichen Erfahrungen wird unmittelbar ersichtlich, dass die biologischen Kräfte des Körpers (Triebe, Hormone u. dgl.) eine unwiderstehliche oder sehr starke Kraft auf den Geist *(nous)* ausüben. Als Beispiel genügt das existenzielle Hunger- oder Durstgefühl, das jedes Denken unmöglich machen kann, bis der Trieb gestillt ist. Ebenso ist die pubertäre Phase von Adoleszenten bekannt für ihren außergewöhnlichen Einfluss auf das Denken und Tun der Jugendlichen. Nicht ohne Grund war die Erwachsenentaufe der Alten Kirche auch auf die *körperlich*-geistige Reifung ausgerichtet. Dass von geistiger Reife gesprochen wird, sollte nicht darüber hinwegtäuschen, dass auch die biologischen Prozesse im Körper einen wesentlichen Teil der vermeintlich *geistigen* Reife ausmachen. Es wird sich zeigen, dass es tatsächlich eine noëtische (also im eigentlichen Sinn *geistige*) Reife gibt, die aus einem gereinigten und erleuchteten Nous besteht. Aber auch diese noëtische Reife muss den Einfluss und die Kraft des biologischen und neuronal-psychologischen Seelenbereiches ernstnehmen und in eine geistige Ausbildung integrieren. Diese Notwendigkeit zeigt sich beispielhaft in der Krankheit. Auch ein geistig reifer Mensch kommt durch die körperliche Schwächung bei einer Krankheit – hierbei ist erst einmal nur die biologische Schwächung und ihre psychologische Auswirkung ge-

meint – aus seinem geregelten geistigen Leben heraus
und kann nicht selten alten Leidenschaften zum Opfer
fallen.

Desweiteren zeigt sich hier die in der modernen Gesellschaft unterschätzte Bedeutung einer asketischen
Lebensweise. Das Wort *Askese* wird leider durch den
im Protestantismus und Katholizismus im 19. Jh. über-
steigerten Moralismus völlig missverstanden, und zwar
als sinnloser Verzicht und freudlose Lebensweise. Das
Gegenteil ist der Fall: Der Sinn der Askese ist, durch
einen bewussten und freiwilligen Verzicht die Lebens-
freude überhaupt zu ermöglichen. Der Mensch kann
nämlich nicht durch ein „immer-mehr" an Konsum
seinen Lebensdurst stillen. Da er dies in der Regel aber
verzweifelt versucht, konsumiert er maßlos. Da der
Mensch selbstregulierend lebt – er adaptiert sich sowohl an widrige als auch an gute Umstände erstaunlich
gut –, kann er darüber in eine Falle geraten. Sein Maßstab für Glück und Unglück gerät leicht in eine völlige
Schieflage. So erstaunt die exorbitante Zunahme an De-
pressionen, psychischen Krankheiten und Suiziden in
der modernen Wohlstandsgesellschaft nicht. Auch die
Zunahme an brutalster Gewalt, gravierenden sexuellen
Störungen, unkontrollierter Konsumgier u. dgl. darf
vor dem Hintergrund sich immer höher adaptierender
Maßstäbe in einer hedonistischen Gesellschaft nicht

verwundern. Ein äußerer Zwang zum Verzicht hilft hier nicht viel und führt nur zu einer Verschiebung, nicht aber einer Korrektur der inneren Genussmaßstäbe. Ein freiwilliger Verzicht hingegen ist eine Einübung in eine gesunde Lebensweise, die ursprüngliche, natürliche Genussmaßstäbe wiederherstellt. Diese körperliche Übung trägt zurecht den Namen *Askese*, da dieser Begriff ursprünglich aus dem olympischen Training der Sportler kommt und eben ein positives Trainieren für einen Sieg im Wettkampf meint. Diese positive Konnotation kommt der Askese deshalb auch heute noch unbestritten zu. Wahrer Genuss im körperlichen Sinne – nicht anders, als im geistigen – ist immer nur mit gesunden Maßstäben möglich und deshalb ohne immer wieder neu kalibrierender Askese undenkbar.

Der Geist *(nous)* kann folglich bis zu einem großen Maß den biologischen und neuronal-psychologischen Einflüssen widerstehen, nicht aber, wenn er nicht darauf trainiert wird. Auch ist Vorsicht geboten, um nicht mit Gewalt *gegen* den eigenen Körper zu arbeiten. Gerade Basilios der Große hat in seinen Regeln vor einem menschenfeindlichen Rigorismus mancher Mönche gewarnt. Askese ist kein Wettkampf gegen andere „Asketen" oder ein gegenseitiges Übertrumpfen in körperlichen Züchtigung, als ob es eine Sportart wäre. Diese Sicht war dem christlichen Mönchtum immer fern. Vielmehr arbeitet man *mit* seinem Körper und versucht sich selbst Christus ähnlicher zu machen — nicht einem anderen Menschen. Ziel jeder Askese bleibt die *Einheit mit Christus*. Der „sportliche" Ergeiz in der Askese ist also nicht auf die eigenen Entsagungs-leistungen gerichtet, sondern auf Christus selbst.

An dieser Stelle wird klar, wie wichtig ein erfahrener geistiger Begleiter ist. Gerade am Anfang ist es für den geistigen Asketen nicht einfach abzuschätzen, wie weit er gehen kann. Die Meisten gehen nicht streng genug mit sich um, während die wenigen, die sich ernsthaft in die Askese einüben, nicht selten zu Übertreibun-gen – und damit langfristig zum Scheitern – neigen. Auch wenn der Gehorsam dem geistigen Vater gegen-über vor allem seinen besonderen Wert im geistigen Kampf gegen den Hochmut hat, so ist er im Bezug auf die körperliche Askese von höchster Bedeutung — und unverzichtbar.

1.3 Sinne

Der Mensch scheint, durch seine Sinne zu „leben". Er nimmt die äußere Welt durch seine Sinne wahr; er *konsumiert die Welt*. Hier kann er sich ebenso maßlos gebaren, wie im körperlichen und sprichwörtlichen

„übermäßigem Essen und Trinken". Da der materielle Konsum ihn offensichtlich nicht befriedigen kann und eine Steigerung desselben irgendwann an eine Grenze stößt, steigt das Maß des sinnlichen Konsums. Der Mensch kann sich kaum satt sehen, hören oder schmecken. Das geht so weit, dass es den meisten Menschen mittlerweile schwer fällt, das Leben eines Blinden, Tauben, Stummen oder allgemein behinderten Menschen als lebenswert anzusehen. Leben wird hier fatalerweise mit Konsum gleichgesetzt.

Dabei wird deutlich, dass der Mensch verlernt hat, zu leben. Er weiß auch nicht mehr, was Leben heißt. Die Menschen geben, je nach ihrem persönlichen Geschmack oder Genuss, eine andere Antwort auf die Frage: Was ist Leben? Für den einen ist Leben gleich Reisen – wobei das Reisen einen Ortswechsel und damit eine Vielzahl neuer Sinneseindrücke impliziert und deshalb wohl so beliebt geworden ist –, aber auch Essen, Sex, Musik u. dgl. können einen ähnlich hohen Stellenwert in unserer Gesellschaft bekommen.

Wieder lehrt uns der große Palamas, dass der einzige Konsum, der das Herz des Menschen wirklich erfüllen und jeden Durst stillen kann, das Lebendige Wasser, also Christus selbst in seinen ungeschaffenen Energien ist. Deshalb ist es von größter Wichtigkeit, dass Palamas betont, dass das ungeschaffene Taborlicht der Verklärung Christi eben nicht sinnlich wahrnehmbar ist. Die Schafe auf den Taborweiden, so Gregorios, hätten kein helles Licht gesehen, während die Jünger aber davon geblendet waren. Dieses göttliche Licht, die Herrlichkeit Christi, ist das, wonach unsere Seele dürstet. Der Versuch unserer leiblichen Sinne diesen Durst zu stillen, ist zum Scheitern verurteilt. Wie schon zuvor ausgeführt wurde mit Bezug auf das ständige Heraufschrauben der Genussmaßstäbe durch den übermäßigen Konsum, bleibt auch der sinnliche Konsum nur ein tragischer Versuch schnell das Glück zu finden; ähnlich einem Verdurstenden, der durch das Trinken von Meerwasser versucht seinen Durst zu stillen.

Solange aber der Mensch sich dem sinnlichen Konsum dieser Welt hingibt, wird sein Geist *(nous)* sehr leicht abgelenkt von sinnlichen Einflüssen. Beispielsweise ist eine knallende Tür oder ein schreiendes Baby eine frappante Ablenkung jeder Konzentration des Nous.

Umgekehrt können die Sinne dem Nous nützlich sein. Durch ihre starke Wirkung auf das Denken können sie auch bewusst eingesetzt werden, um den Geist *(nous)* zu lenken. Deshalb ist eine christliche Atmosphäre zu Hause, auf dem Arbeitsplatz und an anderen Orten eine wichtige Hilfe im geistigen Leben. Dies kann man mit Ikonen, Weihrauch, schönen Kunstgegenständen (insbesondere mit christlichen Motiven) bewerkstelligen. Auch ruhige oder klassische Musik und vor allem kirchliche Musik ist ein hilfreiches Element im alltäglichen Leben. Insbesondere die byzantinische Kirchenmusik hat eine nicht zu überschätzende Wirkung auf den Geist *(nous)*.[50]

Umgekehrt sind Krach, Hässlichkeit, Gestank und ähnliches eine Belastung für den Menschen und seinen Geist. Bewusst sollten wertvolle Musik, die Schönheit der Natur und der Architektur gesucht werden, da dort der Geist zu den schöpferisch-erhaltenden Energien Gottes gelenkt wird.

Größte Bedeutung kommt der *äußeren Stille* zu, die der Mensch unbedingt braucht. Nur in ihr kommt der Geist *(nous)* zur Ruhe. Diese äußere Stille besteht nicht nur aus der hörbaren Stille, sondern auch einer sichtbaren Stille und überhaupt einer Ruhe (Hêsychía) der Sinne. Da die Sinne eine unmittelbare und starke Wirkung auf den Nous des Menschen haben, ist die Hêsychía eine Notwendigkeit, um auch eine *innere*, die *noëtische Stille* zu erreichen. Erfahrungen des Mönchtums zeigen, dass ein Hesychast (d. h. ein Mönch, der sich in die Stille zurückgezogen hat, um das noëtische Gebet zu üben) nach einem Aufenthalt in der Welt, was

---

50 John S. Romanides: *Patristic theology*, 216f.

eben eine Flut von Sinneseindrücken bedeutet und die noëtische Stille zerstört, mehrere Tage (ca. 4–7) äußere Stille braucht, um wieder in sein gewohntes Stillegebet zu finden. Der Nous wird von der Sinnesflut regelrecht in Schwingung gebracht und braucht eine längere Zeit, um sich wieder zu beruhigen.

Der Mensch, der in der Welt lebt, muss sich im Alltag Zeiten und Orte der Stille schaffen. Auch wenn er nicht die Hêsychía im Alltag erreichen kann wie ein Mönch – ansonsten gäbe es ja auch keine Klöster –, kann er doch die Kraft der Stille auch in der Welt erleben. Wie im Abschnitt zuvor gesagt wurde, hat der Mensch ein sich selbst regulierendes Wesen. Damit ist auch das Gefühl für die Stille bei einem Menschen in der Welt anders als bei einem Mönch, der in der Stille lebt. Schafft sich der Mensch in der Welt Zeiten und Orte der Stille, wirken diese weitaus stärker auf ihn, als die bei einem Mönch der Fall wäre. Letzterer ist zu einem feinfühligen Instrument des geistigen Lebens geworden – zumindest sind es einige – und wird in der Welt selbst an stillen Orten überfordert. Nicht aber der Weltmensch: Ein Besuch in einem Kloster oder einer Kirche, ein Gebet im eigenen Zimmer oder an einem anderen stillen Ort, ein Spaziergang in der Natur mit dem Jesusgebet sind „Orte" der Hêsychía für den Weltmenschen.

1.4 Ratio (diánoia)

Die deutsche Sprache hat Schwierigkeiten Begriffe der orthodoxen Spiritualität abzubilden. So könnte es zur Verwechslung der griechischen Ausdrücke *nous* und *diánoia* kommen. Sowohl *nous* als auch *diánoia* können mit dem deutschen Begriff „Denken" oder „Verstand" übersetzt werden. Zusätzlich kommt es im Westen und auch verbreitet von orthodoxer Seite zu dem Missverständnis, wenn beide Begriffe – wie auch eine vielzahl weiterer griechischer Ausdrücke der orthodoxen Lehre und Spiritualität – mit den gleichnamigen Begriffen der heidnischen Philosophie gleichgesetzt werden oder zumindest stark von ihnen geprägt sind.[51] Aber das Gegenteil ist der Fall: Die Kirchenväter haben sich im Laufe der Zeit zunehmend gegen die heidnischen Ausdrücke gewehrt, und auch die Konzilgeschichte kann als Abgrenzung gegen die heidnisch geprägte Hermeneutik zur Zeit der frühen Kirche gedeutet werden.[52] Der Mensch stand nämlich seit aller Zeit vor dem unlösbaren Problem, den „unsagbaren, unfassbaren, unbegreiflichen" Gott in ein „sagbares, fassbares und begriffliches" Denken zu fassen. Dieses

---

51 Namentlich werden hier der Neuplatonismus und die Stoiker gerne herangezogen.

52 Vgl. John S. Romanides: *Patristic theology*, 221–295.

intellektuelle oder logische Denken bezeichnen die
Kirchenväter als *diánoia*.[53]

Dies bringt uns zum Problem moderner Theologie.
Heute hat „die Theologie" sich an den Universitäten
eine akademische Arbeitsmethode angeeignet, die
vor allem im intellektuellen Bereich *(diánoia)* arbeitet.
Im Westen hat eine schon frühe Entwicklung immer
mehr in diesen „philosophischen" Bereich des Nach-
denkens über Gott geführt. Einen Höhepunkt fand

---

53 Ich weise an dieser Stelle darauf hin, dass die Kirchenväter keine einheitliche Systematisierung erarbeitet hatten
und so auch die Begriffe zum Teil sehr unterschiedlich
verwenden. Es ist immer die Sprache in den historischen
Kontext zu setzten und die Aussageabsicht (vor allem
die apologetische), um die Begriffsverwendung zu ent-
schlüsseln. Auch wenn einzelne Verwendungen andere
Begriffe heranziehen, beziehe ich mich hier auf die heute
rezipierte Verwendung, die vor allem Hierotheos Vlachos im Detail untersucht und mit Schriftstellen sowie
Vätertexten belegt hat. Vgl. Heirotheos Vlachos: *Orthodox Psychotherapy: The science of the fathers*; „*The Science
of Spiritual Medicine"*: *Orthodox Psychotherapy in Action*.
Tatsächlich ist aber Naum Ilievski zuzuschreiben, dass er
aus den einzelnen Begriffen ein klares System entwickelt
hat. Den Paradigmenwechsel in orthodoxer Spiritualität
entwickelte er durch die konsequente Trennung von *nous*
und *diánoia*.

diese Entwicklung nicht etwa in Thomas von Aquin –
der oftmals mit Balaam von Kalabrien gleichgesetzt
und als vermeintlicher Gegenpol zu Gregorios Palamas gesehen wird –, sondern im danach einsetzenden
Thomismus sowie in einer parallelen Entwicklung im
Protestantismus, die schließlich im Anschluss an die
„Aufklärung" ihr „theologisches" Denken in den ma-
teriell-rationalen Bereich *(diánoia)* legten. In der griechischen Theologie setzte gegen die gleiche Entwicklung in der orthodoxen akademischen Welt mit John S.
Romanides, Hierotheos Vlachos und dem Philosophen
Christos Yannaras ein Paradigmenwechsel ein, der ursprünglich starke Kritik erfuhr, heute aber vor allem
durch das Athosmönchtum zumindest in einem wesentlichen Bereich der Kirche sich etablieren konnte.[54]

---

54 Auch Yannis Spiteris kritisiert die „Neo-Orthodoxen" um
   Romanides und Yannaras als Randphänomen und bringt
   vor allem gegen Romanides, der ein griechischer Natio-
   nalist war und in seine Theologie eine bedauernswerte
   politische Dimension einführte, starke Kritik hervor:
   Yannis Spiteris: *La teologia ortodossa neo-greca*, Bologna
   2016 (erste Auflage: 1992), 279–322. Trotz aller ange-
   brachten Kritik sollten die theologischen Kernargumente
   der Nea Orthodoxia nicht vorschnell aufgegeben werden.
   Vgl. George Metallinos: Fabrications about Prof. John S.
   Romanides by Capuchino priest Ianni Spiteri, in: *Eccle-
   siastical Truth, Official newspaper of the Church of Greece*,
   April 1–16, 1995, 14.

Das Problem beschreiben Romanides und Vlachos mit ähnlichen Analogien:

> *Stellen wir uns einen Astrophysiker vor. Er könnte alle Bücher über seine Wissenschaft gelesen haben und dermaßen verinnerlicht haben, dass er zu einem Experten geworden ist. Er könnte nicht nur das Gelesene weitergeben oder mit anderen Beispielen illustrieren, sondern irgendwann auch neue Hypothesen vorbringen. Dieser Vorgang ist in der akademischen Wissenschaft durchaus üblich, doch bleibt er nur beliebige Spekulation und völlig wertlos, wenn er nicht durch praktische Untersuchungen überprüft wird.*
>
> *Der Astrophysiker könnte Hypothesen aufstellen ohne je diese durch einen Blick auf den Sternenhimmel oder durch ein Teleskop oder andere moderne Instrumente selbst überprüft zu haben, ob seine Aussagen stimmen.*

Um im akademischen Bereich im Westen zu arbeiten, muss ein Theologe im Extremfall noch nicht einmal wirklich an Gott glauben. Die „fromme" Praxis – das Wort „fromm" allein, zusammen mit „Askese" oder „Sünde" genügt schon, um belächelt zu werden –, das Gebet und das sakramentale Leben mit der Göttlichen Liturgie als Mittelpunkt sind dem „Privatleben" über-

lassen und scheinen nicht direkt mit dem akademischen „Theologisieren" zu tun zu haben. In den letzten
Jahrzehnten scheint sich immer mehr der Materialis-
mus als Weltsicht in der akademischen „Theologie"
Bahn zu brechen, was der Disziplin einen „wissen-
schaftlichen" Anstrich verleiht.[55] Zugleich bleibt völlig
unklar, wie ein „Theologe", der Gott nie „gesehen" hat,
anderen von Ihm berichten kann. Um im obigen Beispiel zu bleiben: Ein Astrophysiker, der den Himmel
nie gesehen hat, der seine Hypothesen nie durch Beobachtung und Experiment verifizieren konnte, wie kann
er andere überzeugen, ihm zu glauben?

Es kann aber noch weiter gegangen werden: Ein Astrophysiker unterscheidet sich wesentlich von einem
Theologen und auch jedem Christen, denn ihm genügt
es, den Himmel zu betrachten, um seine Hypothesen
letztlich zu verifizieren. Aber ein Theologe und natürlich jeder Christ, will – im Sprachbild gesagt: – den
Himmel nicht nur betrachten, um irgendeine Wahrheit
zu finden, sondern er will von der Schönheit des Him-
mels ergriffen sein und eins werden mit dem Betrach-
teten. So gleicht der Theologe eher dem Künstler als

---

55 Vgl. dazu die Literatur zur Geschichtsmethodik vor den
   1950er Jahren und danach: So z. B. Erich Rothacker: *Logik und Systematik der Geisteswissenschaften,* Bonn 1947,
   36–78.

dem Wissenschaftler: Er will lieben und das Geliebte den Menschen vorstellen, dass auch sie den Geliebten lieben könnten.

Seine Aufgabe besteht aber auch im Sinne des Wissenschaftlers darin, falsche Hypothesen über die Eine Wahrheit zu widerlegen und den Unsagbaren in denkbare und sagbare Bekenntnisse zu formulieren, um den Glauben zu lehren. Diese wahren Theologen müssen Gott geschaut haben (mit dem Auge ihrer Seele, dem Nous) und die Gnade besitzen das „unsagbare, unbegreifliche und unfassbare" *herunter zu projizieren* in die *Diánoia*, das intellektuell-logische Denken des Materiellen, ähnlich wie ein Körper durch das Licht einen flachen Schatten wirft.

Zu beachten ist, dass selbst Augustinus und Thomas von Aquin niemals sich angemaßt hätten, den menschlichen Intellekt, das rationale Nachdenken *(diánoia)* als den Ort der Gottesbegegnung zu bezeichnen. Im Materiellen bleibt Gott unfassbar. Auch die Theologen des Westens betonten bis in die Neuzeit, dass der Intellekt *(diánoia)* nur eine Annäherung an Gott bis zu einem bestimmten Punkt zulässt - nicht aber die Vereinigung mit ihm. Daher kann der Intellekt als notwendige Formulierung des rechten Glaubens und besonders der

Apologetik genutzt werden, niemals aber als Ort der Gottesbegegnung. Dieser ist ein anderer.

Der Intellekt (*diánoia*) freilich widerspricht nicht dem Glauben und führt tatsächlich in der Betrachtung des Kosmos an die Erkenntnis Gottes heran. Mehr aber auch nicht. In den Wissenschaften kann der Intellekt aber wertvolle Dienste leisten, da er sich vor allem auf diese geschaffene Welt bezieht. So haben die Väter selbst (wie Basilios der Große, Gregorios der Theologe und später Gregorios Palamas) – auch wo sie zu Kritikern der weltlichen Philosophie in der Erkenntnis Gottes wurden – durchaus akademisch, philosophisch studiert und diese Erfahrung war ihnen nützlich in der Glaubensformulierung oder Apologie der Orthodoxie. Eine blinde Ablehnung jeder akademischen Wissenschaft im Bereich der Theologie ist deshalb ebenso fehl am Platz und ebenso die auf diese Weise entstandene Diastase von Theologie und Heiligkeit.

Vor jeder akademischen Theologie steht aber die eigene geistige Entwicklung des Theologen und letztlich die Erfahrung Gottes. Wie Palamas und die orthodoxen Konzilien des 14. Jh. betonen, ist der Ausgangspunkt des Glaubens, dass man Gott schon in dieser

Welt gnadenhaft in seinen ungeschaffenen Energien schauen kann. Diese Möglichkeit ist nicht als Randphänomen – wie im Westen jegliche nicht intellektuell-rationalistische Gotteserfahrung als „mystisch", im Sinne von „unverständlich" oder „kurios", abgetan wird – zu verstehen, sondern als Grund unseres Glaubens und als Ziel jedes Christen anzusehen. Das Schauen Gottes, wie sich noch zeigen wird, ist nicht etwas Seltenes und nur Mystikern vorbehalten, sondern ist ein Grundvollzug des erfüllten Menschseins und des Glaubens. Diese einfache Tatsache ist aber verloren gegangen, da sich gerade im Westen eine Verengung der Gottesschau und der Teilhabe an der Natur Gottes durch die fehlende Unterscheidung von Wesen und Energien (Wirkweisen) Gottes ergeben hat. Mir scheint, dass ohne diese Unterscheidung kaum eine konsistente und präzise akademische Theologie im Bereich von rationalen Aussagen *(diánoia)* möglich ist. Es ist eine grundsätzliche Täuschung (slaw. *prelest*) zu glauben, dass Gott nur nach dem Tod geschaut werden kann und dass in dieser Welt lediglich eine intellektuelle Annäherung (im Bereich der *diánoia*) an Gott möglich wäre. Umgekehrt: Der rationale Verstand dient dem Menschen und dem Theologen, um in dieser Welt nötige Aussagen über Gott zu formulieren. Die Gottesbegegnung findet aber in einem anderen Bereich der Seele statt.

Auch muss Vorsicht geboten sein, dass die Philosophie und Wissenschaft, die man studiert und die eigene *diánoia*, das rationale Nachdenken, geprägt hat, nicht den Glauben verfälscht. Ein vorgeprägter Intellekt *(diánoia)* wird immer dazu neigen, die angeeigneten Begriffe zum Verständnis des „unfassbaren, unsagbaren und unbegreiflichen" Gottes heranzuziehen. Während die einzelnen Begriffe (wie auch *nous, diánoia, psychê*) natürlich auch in anderen Kontexten vorkommen und von anderen Wissenschaften verwendet werden, so haben doch die Kirchenväter darauf geachtet sie im christlichen Sinn zu verwenden und umzudeuten. Es verhält sich hier nicht anders, als dort, wo heidnische Bräuche und Tempel umgewidmet wurden. Aber nicht wenige Häresien entstanden durch eine Vermischung von philosophischen und weltlichen Ansichten mit dem Glauben, so dass nicht das Evangelium das weltliche Denken *(diánoia)* verklärte (gr. *metamórphôse*), sondern tragischerweise umgekehrt.

Auf eine Gefahr sei an dieser Stelle noch hingewiesen: Der Nous kann sich allzu leicht im Nachdenken verlieren. Da der Intellekt *(diánoia)* im Westen ein so großes Ansehen genießt, scheint jedes Versenken des Nous in ein intellektuelles Nachdenken wertvoll zu sein. Dies nützt der Böse als Falle für die begnadeten Denker und Theologen. Als Richtschnur sollte die Ermahnung Pauli gelten: „Wenn ich in den unterschiedlichsten Sprachen der Welt, ja, sogar in der Sprache der Engel reden kann, aber ich habe keine Liebe, so bin ich nur wie ein dröhnender Gong oder ein lärmendes Becken. Wenn ich in Gottes Auftrag prophetisch reden kann, alle Geheimnisse Gottes weiß, seine Gedanken erkennen kann und einen Glauben habe, der Berge versetzt, aber ich habe keine Liebe, so bin ich nichts." (1 Kor 13,1s)

1.5 Emotionen

Den Menschen machen zudem seine Emotionen wesentlich aus. Die Gefühle des Menschen reichen weit über das rational Denk- und Sagbare (also die *diánoia*) hinaus. Gefühle wie Liebe oder Hass, Freude oder Trauer, Verzweiflung, Angst und Erlösung – sie wollen mehr, als nur den Zustand des Menschen informativ beschreiben, sie sind Wirkweisen, die nicht nur bis ins Körperliche hinein wirken, sondern auch bis zum tiefsten Kern der Seele, wie sie der Psalmist als *de profundis* (gr. *ek vathéôn*)[56] eingängig beschreibt. An dieser Stelle

---

56 Ps 129/130.

soll es aber um jene beschreibbaren Gefühle gehen, die in den *bewussten* Seelenbereich hineingehören.

Die Gegenwart ist stark von Gefühlen geprägt und zusehends scheinen sie einen höheren Wert zugesprochen bekommen als rationale Argumente (*diánoia*). Objektive Wahrheiten scheinen hinter den Gefühlen der Menschen zurückstehen zu müssen. Tatsächlich sind aber beide Seelenbereiche, die *diánoia* und die *Emotionen*, nicht gegeneinander auszuspielen, da sie nicht von der gleichen Kategorie sind.

Auch im religiösen Bereich spielen die Emotionen seit der Neuzeit eine zunehmend wichtigere Rolle. Die *Devotio moderna* entwickelte sich vor allem im 15. und 16. Jh. und ist eine Form des christlichen *Humanismus*. Sie drückt im geistigen Leben die Entwicklung der Renaissance aus: eine radikale Hinwendung zum Menschen. Statt einer Theozentrik richtet sich nun der Blick im christlichen Westen auf den Menschen, seiner Ästhetik, seine Bedürfnisse u. dgl. Bis heute sind die Folgen dieser neuen Anthropozentrik in allen Lebensbereichen spürbar. Die moderne Welt ist eine *anthropozentrische* – und Gott wird heute zunehmend nicht mehr in der Welt erkannt. Am Anfang dieser langen Entwicklung, die sich weiter über Aufklärung, Moderne und Post-Moderne entfaltete und heute noch immer nicht abgeschlossen ist, war Gott noch wesentli-

cher Teil der Welt und der Glaube wurde durch den
Anthropozentrismus neu entdeckt. Nun richteten sich
die Blicke auf die Gefühle des Menschen im Geistes-
leben. Der einzelne Mensch vollzieht nicht nur rational sein Gebet (*diánoia*), sondern *ihm* ist wichtig das
Gebet zu erleben, zu durchfühlen. Diese Entwicklung
im Westen ist sicher auch dem Überbetonen der Ratio
im Glauben geschuldet, doch führte dies in den anderen Straßengraben, indem nun die Emotionen immer
mehr in den Mittelpunkt gestellt werden. Heute gibt es
insbesondere in den charismatischen Gemeinschaften
des Westens (insbesondere im Protestantismus und
Katholizismus) Bewegungen, die das Glaubensleben
auf ein emotionales Empfinden reduzieren. Beispielhaft zu nennen wäre als Kennzeichen dieser neuen
Entwicklung die pfingstlerisch-charismatische Musik,
bei der der Gottesdienst mehr an ein Konzert erinnert
als an eine „Liturgie". Ein anderes Beispiel ist das Emotionen evozierende Zeugnisgeben einzelner Personen
vor der Gemeinschaft. Auch die protestantischen Be-
gräbnisfeiern in den USA bezeugen ein Extrem dieser
Engführung: Statt in Gott, im Gebet und der Liturgie
Trost und Halt zu suchen, erzählen einzelne Bekannte
ihre emotionalsten Erinnerungen an den Verstorbenen.
Dieses Wechselbad der Gefühle wird als tröstend empfunden. Zu fragen ist aber, ob die Verkündigung des

Evangeliums hier nicht zu einer Nebensache geworden ist. Vielmehr scheint, diese Entwicklung eine natürliche Psychotechnik zu sein, die bei der Trauerbewältigung helfen soll. Dahinter verbirgt sich ein emotionales Abstumpfen, das durch den selbstregulierenden Charakter der Seele geschieht. Wunden werden nicht geheilt, sondern vernarben.

Und tatsächlich sind die Gefühle ebenso wie der Intellekt für jeden Menschen eine wesentliche Lebenswirkweise. Jeder Mensch erlebt Gefühle wie Liebe, Hass, Freude, Angst u. dgl. als etwas grundsätzlich Positives und für ihn Konstitutives. Undenkbar wäre ein Leben ohne Gefühle, wie die abschreckenden Beispiele versehrter Kriegsveteranen uns vielfach zeigen. Wir lieben und werden geliebt, in der Liebe der Eltern und noch mehr im Welt übersteigenden Verliebtsein erkennen wir, dass Logik allein keinen Wert hat und alles auf Liebe gegründet ist. Das reine Gefühl der Liebe kann somit, ähnlich der Theologie des Verstandes (*diánoia*), ein Wegpunkt zu Gott werden, aber eben nur im Sinne einer Annäherung und Hilfe, als ein Anfangsimpuls – und nicht als eigentlicher Ort der Gottesbegegnung.

1.6 Phantasie

Der Mensch ist zudem ein Phantasiewesen. Ohne diese kreative Wirkkraft könnte der Mensch nicht funktionieren. Das rationale Nachdenken (diánoia) benötigt Phantasie. Nur so kann der Mensch Unbekanntes erahnen und Neues erdenken. Er ist kein deterministischer Roboter, weil sein Geist *(nous)*, der Kern des Denkens frei ist, und weil er eine schöpferische Kraft Gottes in seine Seele eingeprägt bekam. Diese äussert sich unter anderem in der Phantasie.

Der Geist *(nous)* kann sich aber auch hier verlieren und in phantastischen Gedanken zergehen: Wie wäre es, wenn ich Gott wäre? Ist dies nicht eine der ersten ernsten Fragen, die der Mensch sich gestellt hat? Über die Sinne kommt es zu dieser ungeheuren Frage. Weder *Ratio* noch *Emotion* können darauf antworten. Die *Phantasie* aber fesselt den Geist des Menschen, den Nous. Sie ist eine eigene Kraft, die den Nous machtvoll zu bewegen weiß.

Wie bei allen Seelenkräften ist festzustellen: Die einzelnen Fakultäten – Biologie, Sinne, Ratio, Emotion, Phantasie und noch Memoria – sind gut geschaffen, wie sich aber der Nous, der Geist des Menschen, sich ihrer bedient, mit ihnen umgeht entscheidet über ihren Wert. Die Früchte sind hier entscheidend – wieder einmal.

Wie bei anderen Seelenfähigkeiten kann ein übermäßiges sich verlieren in der Phantasie, alle guten Vorhaben zunichte machen. So können unzählige Varianten im Kopf durchgespielt werden, sich alles genau ausgemalt werden – und doch geschieht nach Außen, als Tat: nichts! Dies ist auch mit der Ratio der Fall, wenn man alles *zerdenkt* – Masslosigkeit im Nachdenken und Phantasieren.

Theologisch ist die Phantasie unverzichtbar, denn ohne sie wäre die poetische Wortkunst eines Theologen (wie die des Neuen Theologen), um den *unbeschreiblichen, unfassbaren, unsagbaren* Gott überhaupt irgendwie zu verbalisieren völlig unmöglich. Die Ratio allein ist nicht nur *kein* Ort der Gottesbegegnung, sondern nur die schöpferische Kunst kann Worte finden, um das Wort Gottes auszusagen zu versuchen. Nicht ohne Grund sind die Ikonen dichteste Theologie, wie auch die gesungenen dogmatischen Hymnen der byzantinischen Vesperliturgie. Beides sind keine intelektuellen Traktate, sondern noëtische Kunst. Und selbst das Credo erhält seine Wahrheitstiefe nicht auf Papier, sonder erst im Herzen der Göttlichen Liturgie. Die Phantasie als jene Seelenwirkkraft, die schöpfend und kreativ wirkt, hilft dem Geist *(nous)* alle Seelenkräfte auf Gott auszurichten.

Doch die Phantasie kann auch ein „Goldenes Kalb" erschaffen. Bleibt nämlich Phantasie nur Phantasie, ohne die zuvor gemachte echte, persönliche Erfahrung von Gott, dann baut sie Idole statt Ikonen. Dann müssen wir zu Idoloklasten werden und die falschen Götterbilder in uns immer wieder vom Sockel stoßen. Wenn der Mensch ohne Gotteserfahrung bleibt, kann die Ratio, Emotion und Phantasie eine gefährliche Melange bilden, die ein Pantheon erschafft, das ein unentrinnbares Labyrinth für den Nous werden kann. Einmal darin gefangen, erscheint die Illusion *(prelest)* perfekt. Der Intellekt *(diánoia)* und die Emotionen geben sich schnell mit verschiedenen Gottesbildern zufrieden. Nur die lebendige Begegnung mit Gott selbst kann dieses Idol zerstören. Ein Sich-Zufriedengeben mit seinem Gottesbild und seinem Glaubensleben, ohne immer wieder die Begegnung mit dem Herrn zu suchen und ohne die liebende Sehnsucht nach dem Herrn (siehe den Abschnitt *de profundis*), führt in diese noëtische Illusion.

1.7 Memoria

Alle Seelenbereiche (Sinne, Ratio, Emotionen, Phantasie) stehen in einer engen Beziehung zum Erinnerungsvermögen, der *Memoria*. Das Erinnern an gemachte Erfahrungen ermöglicht das Denken und Bewusstsein. In der Memoria sind zuvor gemachte Erfahrungen, aber auch Begriffe, Definitionen und Gedankengänge der Ratio sowie Emotionen und Phantasien gespeichert. Erinnerungen können verdrängt werden, der Geist *(nous)* erlebt gerade im Suchen des Vergessenen die Struktur der Memoria und der Unzugänglichkeit, die sie umgibt.

Wie die Emotionen reicht die Memoria in tiefe Bereiche der Seele hinab, die das Denk- und Sagbare übersteigen. So prägen unsere Erinnerung auch Träume und geistige Erfahrungen, die wir nicht bewusst erleben.

1.8 Nochmal: Nous *in der Welt*

Nachdem wir die einzelnen Seelenbereiche kennengelernt haben, können wir die Wirkkräfte auf den Nous, den Geist und das Bewusstsein des Menschen, besser verstehen. Betrachten wir dazu ein einfaches Beispiel.

> *Ein Baby in den ersten Lebensmonaten sieht etwas,*
> *kann es aber nicht gleich einordnen. Wir können nun*
> *im vorgestellten Modell sein Denken, seinen Nous so*
> *beschreiben: Der Nous nimmt in den Sinnen wahr,*
> *nämlich etwas Grünes und Braunes. Der Nous denkt*
> *in der Ratio nach: „Was könnte das sein? Oben grün,*
> *unten Braun?" In den Emotionen erlebt der Nous das*
> *Gefühl der Unsicherheit. „Bewegt es sich? – Nein." Die*
> *Phantasie ergänzt die Wahrnehmungen zu Variatio-*
> *nen: „Was könnte das alles sein?" In der Memoria, der*
> *Erinnerung werden grün-braune Formen durchsucht:*
> *„Gefunden: Ein Baum."*

Dieses Beispiel sollte die gegenseitige Durchdringung
und Ergänzung der Seelenbereiche illustrieren, also
die grundlegende Bedeutung der Memoria und die
allgemeine Wirkkraft auf den Nous. Jede neue Erfahrung – auch der eben geschilderte Wahrnehmungs-
prozess, der tagtäglich tausendfach geschieht – wird
erneut die Memoria reflexiv beeinflussen. Aber er lehrt
auch das Denken, prägt den Nous.

Der Nous ist selbst aktiv, d. h. der Mensch *kann* bewusst wahrnehmen (Der Nous geht in die Sinne, würde man im Modell sagen), rational nachdenken (Der
Nous geht in die *diánoia*), Emotionen fühlen (Der
Nous geht in die Emotionen) u. dgl. Aber er wird auch

beeinflusst von den Seelenbereichen durch eine je eigene Wirkkraft, die den Nous – vergleichbar mit einer
magnetischen Anziehungskraft – mehr oder weniger
stark anzieht. Der Nous kann lernen, diesen zu widerstehen. Überraschenden und neuen, vor allem aber
sehr starken Wirkkräften gibt er erst einmal nach. Der
Nous kann also aktiv oder passiv sein. Vor allem äußere Einflüsse, wie Müdigkeit, Alkohol oder Drogen, machen ihn schwach und labil. Bemerkbar ist dies leicht
abends im Bett: Wenn man sehr müde ist, schweift der
Geist *(nous)*, das Denken leicht ab. Meistens in die Memoria: Sorgen machen sich breit. Wichtige Entscheidungen sollte man nie in derart labilen Zuständen treffen.

Ein zweites, extremes Beispiel soll das Verhältnis der
Seelenbereiche zum Nous verdeutlichen. Bei schweren
Kriegstraumata verschmelzen übersteuerte Sinneseindrücke mit großen Angstemotionen und den damali-
gen Gedanken *(diánoia)* und brennen sich regelrecht
in die Memoria ein.[57] Ist der Nous nun labil (bei star-
ker Müdigkeit oder unter Einfluss von Alkohol), lösen
ähnliche Sinneseindrücke wie damals, als das Trauma
auftrat (bspw. der Geruch von verbranntem Fleisch,
das Rasseln von Panzerketten), eine unwiderstehliche

---

57 Die medizinische Psychologie nennt solche Phänomene
   Posttraumatische Belastungsstörungen (PTBS).

Anziehungskraft auf den Nous aus und ziehen ihn in die schreckliche Melange von chaotischen Sinneseindrücken, Angst-Emotionen und wirren Gedanken *(diánoia)* hinein. Sich davon befreien, gelingt nur in einem langen Prozess des noëtischen Gebets, in dem Christus selbst heilt.

1.9 „Nur eines ist notwendig"

Um ein glücklicher Mensch zu werden und ein erfülltes Leben zu führen, ist ein Leben in der Welt, im rein „Materiellen", nicht ausreichend. Der Lebensdurst des Menschen konsumiert zuweilen quasi hedonistisch Alles und Jeden – und gleicht doch einem Verdurstenden, der mit Salzwasser versucht den Durst zu stillen. Wie wir gesehen haben, gibt es im Lebensbereich der äußeren Welt (Biologie, Sinne, Ratio, Emotionen, Phantasie, Memoria) zwar lebensnotwendige Seelenwirkkräfte, aber keine, die den Menschen erfüllen könnten. Vielmehr beschäftigen sie ihn, lenken ihn ab. Der Geist *(nous)* ist aber auf der Suche nach mehr. Dieser andere Bereich erweist sich als der eigentlich wichtige, primäre Lebensbereich, wie wir im nächsten Abschnitt sehen werden.

2. Negative Anthropologie

Der primäre Lebensbereich des Menschen, also seines Geistes *(nous)*, ist nicht die äußere, materielle Welt, sondern die innere, unbeschreibbare Wirklichkeit. Die Mitte von Leben und Lieben, Freiheit und Erfüllung liegt in diesem unbekannten Lebensbereich. Unbekannt ist er, da er sich einer sinnlichen Wahrnehmung oder begrifflichen Beschreibung entzieht. Daher kann analog zur *negativen bzw. apophatische Theologie* eine vollständige Lebensbeschreibung des Menschen auch *negative bzw. apophatische Anthropologie* genannt werden, die versucht, diesen Kernbereich, der sich dem intellektuellen *(positiven)* Wissen entzieht, präziser zu fassen.

Die medizinische Psychologie nähert sich diesem Bereich zumeist unter dem diffusen Stichwort *Unterbewusstsein*. Andere Religionen oder Lebensphilosophien benutzen für diesen Bereich das nicht minder diffuse Wort *Transzendenz*. Im Christentum ist seit jeher bekannt, dass die Theologie sich gerade mit der unlösbaren Aufgabe beschäftigt, Aussagen über Gott zu treffen, dessen Wesen (gr. *ousía*) dem Menschen völlig unzugänglich ist, der aber über seine Wirkkräfte (gr. *enérgeia*) wahrnehmbar ist, auch wenn diese Erfahrung die geschaffene Welt – und damit jede rationale *(positive)* Beschreibung – letztlich völlig übersteigt. Die Offenbarung im Gottmenschen Jesus Christus spielt in der christlichen Theologie eine zentrale Rolle:

> *Wir haben alle aus seiner Fülle empfangen, Gnade über Gnade. Denn das Gesetz wurde uns durch Mose gegeben, die Gnade und die Wahrheit aber kamen durch Jesus Christus. Niemand hat Gott je gesehen, ausser dem Einzigen, der Gott ist und am Herzen des Vaters ruht, und er hat uns ihn offenbart.*
>
> Joh 1,16ss

Ohne Christi Gnaden könnte der Mensch weder Gott in seinen Wirkkräften wahrnehmen (die Gnade wird von Christus geschenkt) noch rationale Worte (*diánoia*) finden, um diese Erfahrung wenigstens annäherungsweise zu formulieren.

Die *apophatische Theologie* (auch *negative Theologie* – gr. *theología apophatikê*) betont, dass Gott „unbeschreiblich, unfassbar, unbegreiflich und unsagbar"[58] ist. Dies meint aber nicht, dass mit negativen Beschrei-

---

58 Das hier vielzitierte Fragment stammt aus der Basiliusanaphora, und zwar aus dem Cherubikongebet des Priesters. Schon Justin der Märtyrer (2. Jh.) betont, Gott sei *unaussprechlich*. Alle Väter legen auf die Apophatik im Bezug auf die Gotteserkenntnis größten Wert.

bungen (wie *unsagbar...*) Gott beschrieben werden
könnte; dann wäre er ja doch in der *diánoia* „fassbar,
begreiflich, sagbar" usw. Vielmehr meint apophatische
Theologie im wörtlichen Sinn, dass alles Wissen über
Gott in einem ganz anderen Bereich der Seele gemacht
wird, als in dem rationalen Bereich (*diánoia*).

Trotz des negativen Erkenntnisbereiches der Theologie ist sie vollwertige Wissenschaft. Die Methoden
der Theologie sind dabei wissenschaftlich: In der negativen Theologie geschieht *empirische* Forschung. Das
Wissen wird dabei nicht im positiven Bereich (*diánoia*)
erworben, wohl aber darin formuliert. *Fides et ratio*
dürfen sich nicht widersprechen. Konkret heißt das:
Die persönlichen Gotteserfahrungen (*fides*) müssen
immer mit den anerkannten und überlieferten Glau-
bensbekentnissen (*ratio, diánoia*) der Väter in Einklang
sein. Dogmen sollten nicht überbewertet werden. Sie
dienen der Kirche als Abgrenzung gegen falsche Lehren. Gregor von Nazianz, selbst ein großer Christolo-
ge und Lehrer der Trinität, konstantiert, dass jegliche
dogmatische Aussagen vor dem Angesicht Gottes keinen Wert haben. Wichtiger ist die persönliche Beziehung und Gotteserfahrungen, die im „Negativen" geschieht; praktisch heißt das: im geistigen Leben.

Die Geschichte der christlichen Spiritualität – wohl-
gemerkt zurückgehend bis in die Zeit der Väter und

Propheten des Alten Testaments – ist kein subjektives, persönliches Phänomen, sondern eine der ältesten *Wissenschaften* im besten Sinn, die systematisch und empirisch-fundiert, apophatisches Wissen ermöglicht und die Methode der apophatischen Forschung (wie des noëtischen Gebets) bis heute weiterentwickelt und aktualisiert. Durch die Offenbarung des Evangeliums in Jesus Christus und dem Heiligen Geist, und durch die Weitergabe dieses Geheimnisses bei den Aposteln und das Ringen der Kirchenväter mit den verschiedenen Irrlehren wurde der Kirche ein apophatischer Wortschatz der orthodoxen Lehre gegeben, nicht um an dogmatische Definitionen zu glauben, sondern um die Einheit mit Gott zu suchen und zu finden. Durch diese Präzisierung des orthodoxen Glaubens versteht der Mensch *ansatzweise*, was im unbeschreiblichen, apophatischen Teil seiner Seele geschieht. Während der moderne Mensch im äußeren, rein materiellen Bereich der Welt nahezu alles versteht und alles kann, ist er blind und unfähig, frei und bewusst im apophatischen Bereich seines Menschseins zu handeln, bis sein Geist *(nous)* gereinigt und erleuchtet ist.

In diesem Abschnitt sollen deshalb zentrale Begriffe der *negativen Anthropologie* vorgestellt werden, die helfen sollen, die Erfüllung des Nous, das Herz der Seele, die Sünde und die Leidenschaften, die Gnade und die

Energien Gottes und letztlich das menschliche Personsein zu verstehen. Erst dann ist die Metanoia möglich,
das noëtische Gebet.

2.1 Das geistige Herz

Neben dem Geist *(nous)* des Menschen, dem bewussten Denkvermögen bzw. konzentrierten Bewusstsein,
gibt es ein zweites Zentrum des handelnden Menschseins. Es liegt im unbeschreibbaren, apophatischen
Teil der menschlichen Seele. Die Väter nennen es das
Herz der Seele und vergleichen es mit der Bedeutung
des physischen Herzen für den Körper. Hier werden
die Entscheidungen des Menschen gefällt, nicht etwa
im rationalen Denken (*diánoia*) oder dem Nous.

Das Zueinander von Geist *(nous)* und Herz ist entscheidend. Es herrscht nämlich eine pathologische
Trennung zwischen Nous und Herz. Jedem Menschen
ist diese Trennung nur allzu gut bekannt und zwar aus
der alltäglichen Scherung von Wollen und Tun. So z. B.
in den Neujahrsvorsätzen: Der Geist *(nous)* entscheidet rational (*diánoia*), dass er sich etwas vornimmt.
Aber nach kurzer Zeit sieht die Praxis völlig anders aus.
Kopf *(nous)* und Herz scheinen grundsätzlich ein Problem zu haben, da sie ihre Einheit verloren haben.

Diese Trennung wird auch im Gebet schnell sichtbar. Besonders deutlich in den repetitiven, „langweiligen" Gebeten: Fängt der Beter an, das Jesusgebet zu rezitieren, dann bemerkt er nach einigen Dutzend Wiederholungen, dass „er" an etwas anderes zu denken beginnt, oder in den Worten noëtischer Theologie: Sein Nous wandert vom Gebet in einen anderen Seelenbereich. So kann ein Geräusch (Sinne) plötzlich den betenden Geist *(nous)* „ablenken". Ebenso eine Erinnerung (Memoria) an eine noch zu erledigende Arbeit oder eine Sorge, ein plötzliches Gefühl (Emotion) oder etwas ähnliches. Wenn ein Gebetswort immer wiederholt gebetet wird, dann ist das „im Hintergrund" weiterbetende das Herz *mit dem Heiligen Geist*, das Abschweifende aber der Nous. Es können auch unvermittelte Gedanken (*logismoí*) dem Nous eingegeben werden, die ihn in einen Seelenbereich hinein ablenken. Die Ablenkung kann also von uns selbst kommen oder von außen eingegeben werden. An dieser Stelle interessiert uns aber, dass der eigentliche Ort des Gebets für den Nous das geistige Herz ist.

Das Herz ist der eigentliche Ort der Gottesbegegnung: Der Heilige Geist nimmt Wohnung im Herzen des Getauften und macht dadurch den Menschen zum Tempel des Heiligen Geistes. Damit ist der Eingang zum Himmelreich nicht irgendwo außen zu suchen, sondern im Inneren der Seele zu finden. Im Herzen ist das Himmelreich schon angebrochen und wartet auf den Menschen, seinen Geist *(nous)*, der noch in der Welt zerstreut und zerteilt sowie an die Welt gefesselt ist. Fängt der Mensch nun an zu beten, wird der Nous unwiderstehlich zum geistigen Herzen hin gezogen. Denn der Mensch kann nur im Heiligen Geist beten, der dem Beten mit seiner Gnade zuvor kommt, und somit ist das Gebet ein sicherer Weg zu Gott, der im Herzen des Menschen auf ihn wartet.

2.2 Trennung von Nous und Herz

Die Trennung von Wollen bzw. Denken (Nous) und tatsächlichem Tun (geistiges Herz) geschieht mit dem Erwachsenwerden des Menschen. Als Kind ist der Mensch noch fähig, durch göttlicher Gnade Geist *(nous)* und Herz in Einheit zu erleben. Ein Kind denkt und tut zugleich, was und wie es will. In diesem Sinn sind auch die Worte Christi zu verstehen, dass man ein Kind werden muss, um in das Himmelreich zu kommen.[59]

Im Prozess des Erwachsenwerdens wird der Mensch vielfach verletzt. Jede Kränkung, Ungerechtigkeit und

---

59 Mk 10,15.

insbesondere jede Liebestrennung verletzen das geistige Herz. Der Mensch weiß sich nicht anders zu helfen[60], als sein Herz vernarben zu lassen. Jahre dieser weltlichen Erfahrungen führen zu einem Herz aus Stein.

Der Geist *(nous)* verliert die Einheit mit dem Herzen, vergißt regelrecht, dass es das Herz gibt. *Der Nous erblindet.* Er findet seine Nahrung nicht mehr im Herzen, im Schauen Gottes, sondern in der Welt, im nie endenden und nie sättigenden Konsum der Welt. Um die Illusion einer andauernden Befriedigung in der Welt aufrechtzuerhalten, wird der Nous rastlos. Er eilt von Konsum zu Konsum. Dabei kann er von Seelenbereich zu Seelenbereich wandern oder sich immer wieder zu neuem Konsum in einem Lebensbereich versteigen. Aber der Mensch fühlt – zumindest in luziden Augenblicken – diese Zerstreuung und Zerteilung in der Welt als Verlust der ihm eigenen Einheit. Wirkliche Ruhe und Frieden gibt es für ihn nicht in der Welt.

Ein erwachsener Mensch gewöhnt sich an das Verlorensein (seines Nous) in der Welt dermaßen, dass er denkt zufrieden zu sein. Dieses Zerteilt- und Zerstreut-Sein in der Welt scheint ihm als unvermeidlich, als *weltliche* Normalität. Der Nous entwickelt eine Gewohnheit in der Welt seinen Genuss zu suchen und zu

---

60 Ein bewußt geführtes geistiges Leben wäre die richtige Therapie!

finden. Die Abhängigkeit und sogar Ohnmacht, gewissen Anziehungen einzelner Seelenbereiche zu widerstehen, erscheint ihm irrtümlicherweise als „seine" Eigenschaft, als sein Charakter. Damit wird natürlich auch jeder Kampf gegen schlechte Gewohnheiten sinnlos und unmöglich.

Die Wahrheit ist aber, dass der Mensch zuerst als in Freiheit lebender geschaffen wurde und damit sein Geist *(nous)* nur in dieser Freiheit wirklich als „er selbst" sich fühlen kann. Erst wenn er den Geist frei von den Anziehungskräften der Seelenbereiche und emanzipiert von der Welt benutzen kann, ist der Mensch frei und er selbst. Diese Emanzipierung wiederzuerlangen ist aber ein langer Prozess, denn die Abhängigkeit wurde jahrzehntelang aufgebaut – und nicht weniger lang dauert die Reinigung davon.

2.3 Sünden und Leidenschaften

Im Verlauf der Neuzeit, insbesondere im 19. Jh. verengte sich westliche „Theologie" immer mehr, teils sogar bis zu einem Moraldiktat. Als Ziel des christlichen Lebens und insbesondere des asketischen Lebens wurde das moralisch gute Handeln angesehen, sprich: das Einhalten der Zehn Gebote — zugespitzt gesagt. Das

„Gesetz" wurde *zum Ziel* des christlichen Strebens erhoben. Noch heute denken Menschen, dass Christen sich viele moralische Gesetze auferlegen und danach versuchen zu leben. Dies war eine fatale Akzentverschiebung, die in der Moderne abgestraft wurde und zu einem völligen Bedeutungsverlust „der Kirche" führte.

So redete Jesus, während er seine Augen auf zum Himmel hob und sprach: Vater, die Stunde ist nun gekommen. Verherrliche deinen Sohn, damit der Sohn dich verherrlicht, denn du hast ihm Vollmacht gegeben über alle Menschen, damit er allen, die du ihm gegeben hast, ewiges Leben gebe! Dies aber ist das ewige Leben: dass sie dich, den allein wahren Gott, und den du zu Ihnen gesandt hast, Jesus Christus, erkennen. Und ich habe dich verherrlicht auf der Erde und das Werk habe ich vollendet, das du mir aufgetragen hast. Und nun verherrliche du, Vater, mich bei dir selbst mit der Herrlichkeit, die ich bei dir hatte, bevor noch die Welt war!

Ich habe deinen Namen den Menschen offenbart, die du mir aus der Welt gegeben hast. Dein waren sie, und mir hast du sie gegeben, und sie haben dein Wort bewahrt. Jetzt haben sie erkannt, dass alles, was du

*mir gegeben hast, von dir ist. Und die Worte, die du
mir gegeben hast, habe ich ihnen gegeben, und sie haben sie angenommen und wahrhaftig erkannt, dass
ich von dir ausgegangen bin, und sie haben geglaubt,
dass du mich gesandt hast.*

*Ich bitte für sie, nicht aber für die Welt bitte ich, son-
dern für die, die du mir gegeben hast, denn sie sind
dein. Und alles, was mein ist, ist dein, und was dein
ist, mein. Und ich bin in ihnen verherrlicht.*

*Und ich bin nicht mehr in der Welt, diese aber sind in
der Welt, ich komme aber nun zu dir. Heiliger Vater!
Bewahre sie in deinem Namen, den du mir gegeben
hast, dass sie eins seien wie wir!*

Abschiedsgebet Jesu — Joh 17,1–11

Das Ziel des Christen ist die Einheit mit Gott, die Theosis. Moral spielt hierbei keine primäre Rolle, wie vor
allem im Westen irrtümlich angenommen wird.[61] Vielmehr führt ein solches falsches Streben zu einem ver-

---

61 Diese Verwechslung scheint daher zu kommen, dass die
erste Stufe des geistigen Lebens die Reinigung ist und
dabei ein asketischer Kampf gegen Sünden stattfindet.
Westliche Theologie scheint sich verengt zu haben auf
eine Theologie der ersten Stufe. Das Ziel ist so nicht mehr
Theosis, sondern die Reinigung selbst. Damit nimmt man
aber das wesentliche Momentum des geistigen Lebens
weg: Christus.

steckten Hochmut, die Erlösung *selbst,* nämlich durch das eigene moralisches Tun, zu erlangen, und dies erschwert das Voranschreiten in der geistigen Entwicklung immer mehr. Entscheidend ist aber die Gnade Christi – seine Wirkkraft der Reinigung, Erleuchtung und Vergottung –, die das geistige Voranschreiten zur Theosis tatsächlich bewirkt.

Sünden haben keine wirkliche (im Sinne der *ousia*) Bedeutung, sondern sind lediglich Taten (Energien des Nous), die den Menschen in der Folge aber tatsächlich unfrei machen. Ein wirklich freier Mensch würde sein Wollen des Geistes *(nous)* in Einklang mit seinem Tun (dem geistigen Herzen) bringen können und so das tun, was er auch wirklich will. Es gibt aber Taten, die unmittelbare und langfristige Folgen haben für den Nous. Diejenigen, die die Freiheit des Nous behindern oder vernichten, werden Sünden genannt. Die Sünden sind Mauern ähnlich, die den Nous fortan vom Erreichen des Herzens hindern. Sie sind also keine metaphysischen „Flecken" auf einer metaphysischen „weißen Weste" der Seele des Menschen, sondern sie behindern und erschweren – unter Umständen verunmöglichen – das Versenken des Nous in das Herz. Darin liegt aber auch ihre Problematik.

Eine Überbewertung der Sünden führt zu massiven Problemen. So ist eine Spiritualität, die nur auf die Vermeidung der Sünden ausgerichtet ist, nicht mehr auf Christus, den einzigen Quell der gnadenreichen Energien, fokussiert, sondern hat im Zentrum eigentlich nur die Sünden, die man zu vermeiden versucht. Dadurch konzentriert man sich auf sie und richtet sich in einem gewissen Sinn gerade auf die Sünden aus. Dies erschwert es dem Geist *(nous)* sich von ihnen zu lösen. Sünden sollte keine übermäßige Bedeutung zugemessen werden. Bei begangenen Sünden sollte man weder Vorwürfe noch Bußauflagen machen. Vielmehr sollte man eine schöne Zeit mit Christus suchen. So bspw. bei einem Spaziergang ein langes Zwiegespräch mit Jesus halten, über die gemeinsame Liebe, nicht aber über die begangene Sünde.

Werden Sünden hingegen immer und immer wieder getan, dann werden sie nicht nur zur Gewohnheit, sondern gewinnen auch langfristig an Macht über den Geist *(nous)*. Diese zur Gewohnheit gewordenen Sünden werden *Leidenschaften* (gr. *páthos*) genannt. Damit ist freilich nicht die positive leidenschaftliche Lebensweise gemeint, die der moderne Mensch so schätzt. Vielmehr bezeichnet sie das selbst auferlegte Leid, das den Geist als geistige Krankheit befällt, wenn er sich diese Lebensweise angeeignet hat. Daher die enge Verbindung von *páthos* und *pathologisch*.

Die Leidenschaft ist wie ein selbst herangezogenes Ungeheuer, das am Herzen wohnt und mit jeder Sünde größer und stärker wird. Deutlich wird auch, dass jede Leidenschaft „ausgehungert" werden kann und muss. Auch wenn man immer wieder Rückschläge erleben wird, so ist jede Vermeidung einer Sünde ein Aushungern der Leidenschaft. Dies kann sie zeitweise erst wilder machen, schwächt sie letztlich jedoch und langfristig wird sie so mit der Gnade Christi überwunden. Der Kampf gegen Sünden gleicht einem Marathon, und dabei kommen zwangsläufig Rückschläge vor. Diesen Rückschlägen ist keine übertriebene Aufmerksamkeit zu schenken, sondern sie sind als Kraftquelle für das Suchen einer noch größeren Nähe zu Christus anzusehen. Christus muss im Zentrum all unseres Streben stehen. Ein vermeintliches Beweinen der vollzogenen Sünde richtet den Geist *(nous)* nur erneut auf diese aus.

Auch ist die westliche Beichtpraxis missverständlich: Es klingt, als ob eine feste Entscheidung in der Ohrenbeichte, nicht mehr zu sündigen, genügen würde, auch gefestigte Leidenschaften loszuwerden. Dies ist eine seltene Ausnahme, die einer außergewöhnlichen Gnade Gottes bedarf und selten geschieht. In der Regel ist eine ebenso lange Askese nötig, wie lange die Leidenschaft *großgezogen* wurde. Dieses Missverständnis führte zur falschen Annahme, dass der Kampf ge-

gen Sünden (gemeint sind hier: Leidenschaften) eine
reine Willensangelegenheit sei (die göttliche Gnade
wird praktisch ausgeblendet) und das Beichtsakrament
eine der Magie ähnliche Wirkung habe. Ein solcher
Anspruch kann den Gläubigen in seinem aufrichtigen
Willen zur Askese nur enttäuschen, und nach etlichen
Versuchen wird entweder die Askese nur noch leidvoll
erfahren oder aber jede Sünde gutgeheißen. *Realismus* gerade in diesem sensiblen Bereich, nämlich des
Kampfes gegen Sünden und Leidenschaften, muss unbedingt wiedergewonnen werden, um die Worte Askese und Sünde wieder sinnvoll verwenden zu können.

2.4 Logismoí

Eine wertvolle Beobachtung der Väter besteht darin,
dass dem geistigen Herzen, das den Mittelpunkt der
Seele darstellt und in dem die Entscheidungen gefällt
werden – und das damit eine herausragende Bedeutung hat –, verschiedene *Gedanken* (gr. *logísmoi*, slaw.
pomisli) eingegeben werden. Ruht der Geist *(nous)*
nicht im Herzen, ist er also in der Welt gefesselt oder
zerstreut, dann wacht niemand über die Entscheidungen des Herzens. Eine Unterscheidung der Geister, also
der Ursprünge dieser Logismoí, ist nicht möglich.

Gedanken sind *per se* weder gut noch schlecht. So gibt es auch Gedanken, die vom Heiligen Geist eingegeben werden. Diese guten Gedanken leiten den Menschen und helfen ihm. Ihnen zu folgen ist weise und gut. Es gibt aber auch Gedanken, die werden vom Bösen eingegeben, also von Satan und seinen Dämonen. Dabei dürfen wir uns die Rede vom Bösen nicht als mittelalterliche Schauerpredigt oder Hollywood-Spektakel vorstellen, das jedes Reden über Teufel oder Dämonen ins Groteske zieht. In der modernen Vorstellung wird dem Bösen zudem zu viel Macht zugesprochen.[62] Der Mensch scheint dem Bösen in manch einem Hollywood-Film gar nicht widerstehen zu können. Diese Ansicht ist falsch. Die Väter ermahnen immer wieder, dass der Teufel so gefährlich wie ein Kinderspielzeug ist, nämlich gar nicht.[63] Nur soviel der Mensch dem Bösen glaubt und folgt, kann er ihm schaden; nicht aber gegen seinen Willen. So stellt schon Paulus klar: *Keine Macht kann dem Menschen von der Liebe Gottes, die in Jesus Christus ist, trennen: weder Tod noch Leben, weder Engel noch Mächte noch Gewalten, weder Gegenwärtiges noch Zukünftiges, weder Hohes noch Tiefes noch*

---

62 Es lohnt sich zu bedenken, warum dies so ist.

63 Erster war schon Athanasius der Große.

irgendeine Kreatur. (Röm 8,38s) Unsere Rettung liegt in unserer Hand.

Das Böse kann aber *Gedanken eingeben* und den Geist *(nous)* des Menschen verwirren, wie es im Schöpfungsbericht so eindringlich geschildert ist, damit er sich selbst von Gott trenne. Darum ist auf die eingegebenen Gedanken ständig zu achten, aber auch eine besondere Form der Achtsamkeit (gr. *nêpsis,* dt. Wachsamkeit, Nüchternheit) zu pflegen[64] und eine Unterscheidung der Geister zu führen. Die Unterscheidung der Geister ist im Kern jedoch kein rationaler Prozess (*diánoia*), sondern geschieht, wenn der Nous im Herzen ruht und Christus selbst den Nous erleuchtet.

So folgt daraus, dass der bloße Gedanke, der einem eingegeben wurde, auch wenn er zur Sünde anleitet, keine Sünde ist, solang der Mensch ihn nicht annimmt und sich mit ihm identifiziert. Dem sündigen Gedanken ist keine Aufmerksamkeit zu schenken. Sobald er aufkommt, soll er unbedingt ignoriert werden; ähnlich wie Wolken, die kommen und weiterziehen.

Doch wie dunkle Wolken, die ein Unwetter mit sich bringen, evoziert ein Gedanke insbesondere bei noch leidenschaftlichen Seelen verschiedenste Regungen, gegen die der Geist *(nous)* erst einmal fast machtlos ist.

---

64 Vgl. 1 Petr 5,6–10.

Diese können biologisch sein (Hormone), Vorstellungen (Ratio), Emotionen, Phantasien oder Erinnerungen. Langfristiges Ziel der noëtischen Askese ist eine Leidenschaftslosigkeit (gr. *apátheia*), in der der Geist *(nous)* frei und unempfindlich gegen die eingegebenen Gedanken ist.

Neben dem Gedanken sind also auch diese evozierten Effekte zu ignorieren, soweit es geht. Am Anfang fällt dies sehr schwer, da die Leidenschaften noch mächtig sind, aber mit dem Fortschritt im geistigen Leben steigt auch die Kraft des Widerstandes. In der Praxis zeigt sich der Fortschritt beim Ignorieren der eingegebenen Gedanken und evozierten Effekten in einer immer höheren Geschwindigkeit den Nous wieder auf etwas anderes zu lenken. Ruht der Nous im Herzen (Erleuchtung), dann nimmt er die eingegebenen Gedanken nicht mehr wahr. Die Begleitung eines erfahrenen geistigen Vaters hilft hier, nicht in Extreme zu verfallen und das rechte Maß des eigenen Widerstandes gegen die Eingebungen zu finden. Realistisch gesehen bedarf das Fortschreiten des geistigen Lebens eine gewisse Zeit, die der Anfänger im geistigen Leben nicht selten falsch einschätzt.

Beim Scheitern, d. h. der Annahme der eingegebenen Gedanken, ist dies – wie schon im Abschnitt zu den Leidenschaften ausgeführt wurde – nicht in den

Mittelpunkt der weiteren Askese zu stellen, sondern erneut die Ausrichtung auf Jesus Christus. Er ist zu bitten, eine größere Nähe zu ihm zu gewähren, denn der geistige Widerstand gegen die eingegebenen Gedanken kann nicht allein durch unseren Willen, sondern nur durch die reinigenden Energien Christi bestanden werden.

2.5 Gnade Gottes: Sakramentales Leben

Nicht das eigene Vermögen des Menschen führt zu Gott, sondern allein die Gnade Gottes hilft ihm sich von Leidenschaften zu reinigen, Erleuchtung zu finden und sich mit Christus zu vereinen. Unbedingt ist jede verborgene Selbstliebe im Streben nach Theosis zu meiden. Die Gnade Gottes wird dem Menschen erst mit den Sakramenten der Kirche Christi zugänglich. Die Inkarnation Christi ist das „einzig Neue unter der Sonne"[65], der Mittelpunkt der Geschichte: Gott wird Mensch, damit der Mensch Gott [der Gnade nach] werden kann.[66] Das Heilswerk (gr. *oikonomia*) Chris-

---

65 Bischof Atanasije Jevtić (1938–2021) betonte gerne, dass „Christus das einzig Neue unter der Sonne sei".

66 Ein wichtiger Leitgedanke zur Inkarnation schon bei: Irenäus, Athanasius, Gregor von Nazians und Gregor von Nyssa. Vgl. Vladimir Lossky: Erlösung und Vergöttli-

ti schafft den Menschen neu. Diese Gnade wird durch Taufe, Myronsalbung und Eucharistie dem Menschen zugänglich gemacht. In Bedrängnissen helfen ihm Versöhnung und Krankensalbung. Diese fünf Sakramente sind reiche Quellen göttlicher Gnade, die durch die Bischöfe und Priester der Kirche den Gläubigen gespendet werden. Ehesakrament und Priesterweihe öffnen zudem den Gläubigen, die sie empfangen, die Gnade selbst zu Gnadenquellen Christi für die Nächsten zu werden. Somit ist ein Leben mit den Sakramenten wahrhaft eine himmlische Gabe, ohne die der Mensch nicht auskommen kann. Daraus ergibt sich auch die Bedeutung der irdischen Kirche und des Klerus, die keinesfalls dem Menschen den Weg zu Gott versperren, sondern im Gegenteil die Gnaden spenden. Denn die irdische Kirche ist wahrhaft eine Ikone der himmlischen Kirche und das christliche Priestertum wahrhaft eine Ikone des *einen* Hohenpriester Christus. Alle Gnade geht *immer* von der Allheiligen Dreifaltigkeit aus, sie bleibt Christi Energie. Die irdische Kirche ist keine „Organisation" und der Klerus kein seelsorgerischer „Berufsstand", sondern ikonale Gegenwart des Einen, Heiligen.

---

chung, in: *Orthodoxie Heute* Nr. 27/28 (1969), 2.

Darin wird deutlich, dass Bischöfe und Priester nur ikonal Priester sind, sie bleiben letztlich immer Schafe, Christus aber der Eine Hirte.[67] Sie sind keine *Stellvertreter*[68] Christi, sondern dessen Ikone. Sie bleiben „Holz" und „Farbe", sündig und erden. Die Ehrerbietung vor dem Klerus ist immer Ehrerbietung vor Christus, keinesfalls vor dem Menschen, der vor einem steht. Hier zeigt sich die kosmologische, christologische und anthropologische Bedeutung des Siebten Konzils. Wo dies vergessen wird – und es geschieht tragischer Weise immerzu seit der apostolischer Zeit[69] bis heute im Rückfall in heidnische Priesterzerrbilder – geschehen schwerste Misshandlungen, die nicht zu dulden sind. Klerus und Gläubige müssen sich dieser ikonalen Blindheit, der eigentlichen ersten Sünde, immer bewußt sein.

Doch die Ehrerbietungen sind nicht grundsätzlich zu meiden[70], denn sie könnten helfen *beiden Seiten,* die Grundhaltung der Gnadenspendung und Gnadenannahme einzuüben: die Demut. Denn dem Priester

---

67 Johannes Chrysostomos.

68 Im Sinne, dass Christus nicht mehr wirke, nicht gegenwärtig sei und deshalb die Bischöfe bzw. Presbyter ihn *vertreten.* Siehe dazu: Mt 28,20b.

69 Apg 14,11-13.

70 1 Thess 5,12s.

selbst steht die erwiesene Ehrung nicht persönlich zu und sollte ihn ermahnen, seine unverdiente Gnade immer neu zu bedenken und seinen Dienst in Demut zu verrichten. Den Ehrerweiser sollte es hingegen ermahnen, dass er eben nicht dem Kleriker, den Menschen, die Ehre erweist, sondern Christus selbst. Übertriebene Ehrebietungen haben freilich keinen Platz, aber das völlige Meiden derselben, führt zum Verlust der ikonalen Einübung sowohl der Gnadenspender als auch der Gnadenempfänger.

Vor allen asketischen Einübungen steht das sakramentale Leben. Möchte ein Mensch Christus näherkommen, dann beginne er immer mit der Einübung des sakramentalen Lebens in der Kirche. Der Bischof und seine Priester – insbesondere aber das Mönchtum – seien ihm *Hilfen* auf seinem Weg.

2.6 Orthodoxie: Kompass zum Herzens

Die Kirche Christi ist das Leben in Einheit mit Gott und den Menschen. Das sakramentale Leben ist die Quelle göttlicher Hilfe, um das wahre Leben zu finden. Die Kirche und ihr sakramentales Priestertum spielen, wie gezeigt, eine zentrale Rolle im Heilsdienst Christi. Neben den Sakramenten ist die Kirche aber auch der Ort der *Orthodoxie.* Also der *rechten Lehre* und auch der *rechten Art Gott zu preisen.* Das Wort setzt sich nämlich zusammen aus: gr. *orthós* (dt. richtig) und gr. *dóxa.* Letzteres wird nicht unrichtig mit *Lehre* übersetzt und auch so verwendet. Im Neuen Testament jedoch wird der Begriff *dóxa* nahezu immer im Sinne *Lobpreis* oder *Herrlichkeit* verwendet. Dies ist zu beachten, da ein tiefer innerer Nexus zwischen Lehre und Herrlichkeit besteht. Denn die orthodoxe Lehre ist eben keine Definition eines Lehrdogmas (im Sinne der Ratio, *diánoia),* die von akademischen Professoren stammen würde, sondern allein göttliche Gnadengabe apopahtischen Wissens, die als Frucht der Erleuchtung des Geistes *(nous)* hervorgeht. Nur derjenige, der die *Herrlichkeit* Gottes gesehen hat, sein ungeschaffenes Taborlicht, kann von Gott berichten. Und diese Rede von Gott (gr. *theología)* bleibt zwar notwendigerweise in ihrer Form rationale Rede *(diánoia),* ihr Sinn liegt aber darin, um vor Irrwegen zu bewahren und den rechten Weg zu Gott zu weisen. So sind die Dogmen der Konzilien für sich genommen wertlos, doch sie sind insofern unverzichtbar, um den Gläubigen Orientierung zu geben und auf ihr letztes Ziel hin zu leiten. Ziel des christlichen Lebens – es kann nicht genug wiederholt werden, wegen der vielen Missverständnisse in diesem Bereich – ist nicht die Erfüllung moralischer

Gesetze oder das Lernen von dogmatischen Definitionen, sondern die Einheit mit Gott. Die Orthodoxie,
als Lehre und Lobpreis (Liturgie und Gebet), sind der
Kompass des Geistes (nous) zum Herzen hin.

Tatsächlich gibt es nicht wenige Religionsformen
und Philosophien, die den Geist *(nous)* aus der Welt in
einen apophatischen Bereich hineinführen. Gerade im
modernen Westen sind beispielsweise Yoga, Zen-Meditation oder Buddhismus solche verbreitete Formen,
die von nicht wenigen Menschen praktiziert werden,

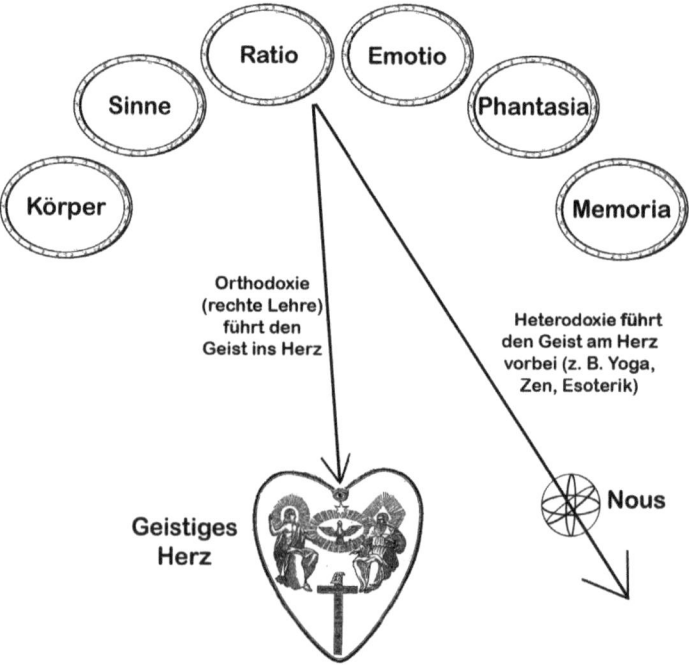

die der Kirche kritisch oder indifferent gegenüberste-
hen, da sie in ihr nur eine moralische Lehre oder Lehr-
definitionen vermuten und keine Theosis. Fürwahr
eine Tragik! Die Menschen erfahren „etwas" Positives,
wissen aber nicht, was es im Grunde ist. Tatsächlich ist
der Rückzug aus der Welt (die *heterodoxe* „Metanoia")
ein befreiendes und bedingt positives Momentum. Das
Problem ist aber die Heterodoxie (gr. *héteros – verschie-
den, anders*) selbst, die eben von der in Christus geof-
fenbarten Wahrheit abweicht und so nicht *ins* Herz
der Seele führt, sondern „irgendwo anders hin". Auch
wenn die heterodoxe Metanoia anfangs positiv erfahren wird, führt sie – je weiter man voranschreitet in
die apophatische Geisteswelt – nicht zu Erfüllung und
Glück, die nur in der Einheit mit Christus gefunden
werden.

Heterodoxe „Metanoia"-Erfahrungen sind auch in
Sex und Drogen zu finden. Der Nous übersteigt die geschaffene Welt und erfährt kurz einen Höhepunkt im
Apophatischen, der als Erlösung erfahren wird. Dient
der Sex aber nicht der Liebe, nämlich der *agápê* als
selbstloser Liebe im Einswerden, wird er zur Leidenschaft der Selbstliebe, die ihre Kraft immer mehr verliert. Er wird zu einer pervertierten Theosis. Der Dro-
genrausch betäubt den Geist *(nous)*, befreit ihn aber
nicht von der Bindung an die Welt, sondern legt ihn

erst recht in die Fesseln der Leidenschaft. So wird der Rausch zum pervertierten Heil, der krank macht.

An die positive Erfahrung selbst dieser pervertierten Metanoia Erfahrungen ist in der geistigen Erfahrung anzuknüpfen, um die Bedeutung der Orthodoxie im tatsächlichen Finden der Wahrheit und der Erfüllung herauszustellen. Dazu ist die Kenntnis der Heiligen Schrift und der Kirchenväter unverzichtbar im geistigen Leben.

2.7 Theanthropos: Person werden

Der freie Mensch hat einen freien Geist *(nous)* und lebt in seinem Herzen ganzheitlich sowohl in der Welt[71] als auch in Einheit mit Gott. Das Herz ist der Ort der Verbindung nicht nur mit Gott, sondern mit allen Menschen, denn wer in Gott ist, der ist auch mit allen, die in Gott sind, eins. Damit ist das Herz der Kern des Person-Seins: Im Bewahren der eigenen Identität der Verschiedenheit von Gott und den anderen Menschen, wird man eins mit allen. Somit ist man erst dann ein Mensch, wenn man nicht nur beschränkt in der Welt gefangen lebt – auch wenn das einem nicht bewusst

---

71 Er ist keinesfalls weltfeindlich und kein Gegner des Materiellen, wie die Gnostiker.

sein mag – und damit bloß in einer Selbstliebe die eigene Erfüllung findet, sondern wenn man in seinem Herzen und Geist *(nous)* offen ist für Gott sowie den Nächsten.

Hier zeigt sich, dass Christus mit seinem Heilswerk den Menschen neu geschaffen hat, indem er das Mensch-Sein erfüllt hat mit dem Gott-Sein. Der sich selbst liebende Mensch (der alte Mensch) ist im strengen Sinn weder ganz Mensch noch ganz Person. Er ist „Individuum" (dt. *Einzelding*) im schlimmsten Sinn, nämlich getrennt von allen und allem – und insbesondere vom wahren Leben.[72] In diesem falschen Sinn versteht die moderne Gesellschaft auch den Begriff „Person" (wie im *Person*alausweis). Dieses „Personen"-Verständnis hat weitreichende Folgen in der modernen Gesellschaft. So kommt es zum Verlust des Schönen in der Kunst und des Heiligen in den westlichen Kirchengemeinschaften, aber auch der Einheit in der Gesellschaft u. dgl. Auch das Verständnis von Gleichberechtigung oder dem Geschlechterverhältnis ist bei Individuen anders als bei Personen. Diese gesellschaftlichen und kirchlichen Konflikte können nur gelöst werden, wenn der Personenbegriff neu entdeckt

---

72 In diesem Begriffsmissverständnis liegt auch die Ablehnung der Allheiligen Trias vom Islam und anderen religiösen Philosophien.

wird. Dazu ist aber ein geistiges Leben nicht Beigabe, sondern Lösungsweg. Wer *Person* und *Mensch* sein will, der wird dies nur als *Theanthropos*, d. h. in Einheit mit Christus *und* den Nächsten. Einheit in Verschiedenheit findet seinen Frieden nur im geistigen Herzen der Menschen. Daher ist ein geistiges Leben nicht einfach Theologie oder Anthropologie, sondern durchdringt eben auch die Welt. Weder Gesellschaft, Politik, Kunst u. dgl. können ohne die Einheit von Geist *(nous)* und Herz zu ihrer vollkommenen Gestalt finden.

3. Metánoia: Um-Denken

Doch dem Gnadengeschenk Christi ist bewußt zu antworten. Ansonsten ist der Gläubige wie einer, der die Tür nicht öffnet, an die Gott klopft, und sich beschwert, dass Gott nicht bei ihm ist. Die Tür, an der Gott schon wartend anwesend ist, ist das geistige Herz. Dort wartet Gott auf den Menschen. Der Mensch muss sein Herz *öffnen*, um die Gnade in sich wirksam werden zu lassen. Die Antwort des Menschen auf die angebotene Gegenwart Gottes ist die noëtische Lebensweise, wobei der Geistes *(nous)* im Herzen ruht. Diese Versenkung des Nous im Herzen geschieht nicht nur im Gebet, sondern kann auch das Alltagsleben wie ein roter Faden durchziehen. In anderen Worten: Es bedeutet ein Um-Denken, auf griechisch *meta-noia*, indem man den Nous aus der *Welt* (Körper, Sinne, Ratio, Emotionen, Phantasie, Memoria) herauszieht, sich von Leidenschaften befreit, die den Nous in der Welt fesseln, um ihn im Herzen mit Gott vereinen. Metanoia meint folglich nicht einfach eine moralische Enthaltung oder eine Verachtung der Welt, sondern eine *Transfiguration*[73] des Nous (der Energien und des Wesens des

---

73 *Transfiguration* meint Verklärung oder *Re-Formung* zum ursprünglichen Bild durch das Bild Gottes, nämlich Christus selbst. Christliche Reform ist nur zusammen

Denkens), die in der Gottesbegegnung im Herzen geschieht. Ein derart gereinigter und erleuchteter Nous,
der die Einheit mit Gott sucht, wird die geschaffene
Welt nicht ablehnen, sondern wird sie in einer neuen
Weise annehmen und ein neues Denken ermöglichen.

---

mit Christi Wirken denkbar, nicht das Ergebnis allein
menschlichen Bemühens. Gott muss dabei die Initative
haben. Die Entwicklung der Kirche zeigt leider, dass der
Mensch anthropozentrisch reformiert und das geistige
Leben nicht mehr im Zentrum kirchlichen Lebens steht.
Was haben wir aus der irdischen Kirche gemacht?

Glossar

Apophatisch

In unserem Kontext bezeichnet die Apophatik den „unbeschreiblichen, unsagbaren, unfassbaren, unbegreiflichen" Teil der Seele. Das Gegenteil ist der kataphatische Seelenbereich, der leicht in Worte zu fassen und auch Objekt der akademischen Wissenschaft ist. Der apophatische Seelenbereich ist nicht von dieser Welt und darum nicht durch kataphatische Begriffe (also: naturalistisch-materialistische) einzufangen. Kunst, Musik und Literatur können aber apophatische Erfahrungen ausdrücken. So wird die Liebe zwischen zwei Menschen oft in Liebesliedern ausgedrückt, da die Erfahrung tatsächlich im apophatischen Bereich gemacht wurde: Die zwei geistigen Herzen haben sich vereint. Auch die Theosis, die Erleuchtung oder die Reinigung des Nous kann nur poetisch angedeutet werden (vgl. die Poetik des Symeon des Neuen Theologen), da sie sich im apophatischen Bereich ereignet. Überhaupt ist Gott nicht beschreibbar und muss deshalb im apophatischen Bereich (genauer: im Herzen) gesucht werden.

Neben dem geistigen Herzen ist auch das Personsein ein apophatischer Begriff. Hierzu gehören die Leidenschaften und Sünden, die Logismoí und Versuchungen und allgemein alle guten und bösen Geister. Verschiedene Praxen führen den Nous aus der Welt (kataphatischer Bereich) in den apophatischen Bereich hinein: Drogen, Sex, Yoga, Zen-Meditation u. dgl. Aber nur im noëtischen Gebet und geleitet durch strikte Orthodoxie kann der Nous das geistige Herz im apophatischen Raum überhaupt finden; obwohl auch das kein Automatismus ist, sondern gnadenhaft bleibt.

Apátheia

Die Apátheia meint wörtlich *Unempfindlichkeit* oder *Leidenschaftslosigkeit*. In der hesychastischen Spiritualität ist damit die Unempfindlichkeit des Nous gegen die Anziehung der Welt (z. B. der Leidenschaften) gemeint.

Askese

Das griechische Wort *askeïn* meint „üben" und wurde ursprünglich in einem sportlichen Sinn verwendet. Es geht bei der Askese um das Einüben in einen besseren Lebensstil, der den Menschen gesünder macht. Das Wort meint also nicht einseitig einen sinnlosen Verzicht, sondern eine Neukalibrierung der Lebensweise. Da der Mensch ein stark sich selbst regulierendes Wesen ist, gewöhnt er sich an schlechte und gute Lebensumstände sehr schnell. In einer Wohlstandsgesellschaft führt das zu einer Abwärtsspirale der Befriedigung, bei dem der Mensch immer mehr konsumieren will. Daher braucht er den regelmässigen und vor allem freiwilligen Verzicht.

Biologie

Siehe *Körper*. Die Biologie beeinflusst als wesentlicher Seelenbereich des Körpers auch den Geist *(nous)* des Menschen. Dies ist besonders in einigen Lebensphasen (Pubertät, Wechseljahre u. dgl.) im geistigen Leben zu beachten. Hormone oder Krankheit beeinträchtigen die Freiheit des Nous. Die Medizin kann den Körper heilen, die medizinische Psychologie den materialistischen Teil des geistigen Bewusstseins, aber für vollständige Gesundheit muss auch der Nous in der orthodoxen Psychotherapie (Seelenheilung) geheilt werden. Dies ist die Rolle der Kirche auf Erden.

Diánoia, siehe *Ratio*

Ekstasis

Dieser Begriff meint das Heraustreten aus der kataphatischen Welt hinein in die geistige, apophatische Welt. Das noëtische Gebet, in dem der Nous in das Herz versenkt und geheilt wird, ist die Ekstasis *par excellence.* Es gibt auch andere ekstatische Erlebnisse (Sex, Drogen, fernöstliche Meditationen oder Praxen), die zwar anfangs als etwas Positives empfunden werden, aber nicht das geistige Herz finden können, da ihnen die Orthodoxie als Richtschnur zum Herzen hin fehlt.

Emotion

Die Emotionen oder Gefühle des Menschen sind ein wesentlicher Seelenbereich. Ohne gesund ausgeprägte Emotionen ist der Mensch unmenschlich. Emotionen sind dabei die vom Menschen selbst gefühlten. Fühlt man mit anderen Menschen mit, dann hat das geistige Herz sich dem anderen Menschen geöffnet und kann so in der innigen Beziehung *mitfühlen*. Ebenso kann ein Verliebtsein sowohl egoistisch als Ausdruck der eigenen Selbstliebe geschehen, aber auch als Folge einer aufrichtigen Vereinigung mit der anderen Person eine selbstlose Liebe bezeugen. Die Emotion alleine reicht nicht aus, es muss auch eine Öffnung des Herzens stattfinden. In anderen Worten: Emotionen alleine haben keinen Wert, wenn sie nicht von einem geistigen Leben getragen werden.

Erinnerung, siehe *Memoria*

Herz

Das geistige Herz (gr. *kardía*) sehen die Väter in enger Bindung mit dem physischen Herzen als Mitte oder Kern der Seele, in dem Gott wohnt, der Heilige Geist bzw. das Himmelreich. Das geistige Herz, anders als das physische, ist dem gefallenen Menschen verborgen – der Nous kennt den Ort des Herzens nicht, weil er *in der Welt* (d. h. in den Leidenschaften) gefangen ist. Der Nous muss das Herz (gemeint ist in unserem Kontext in der Regel das *geistige*) durch das noëtische Gebet finden.

Das Herz ist auch der Ort, wo die Entscheidungen des Menschen gefällt werden – nicht etwa durch den Nous. So belagern böse Geister das Herz und geben ihm *logismoí* und Versuchungen ein. Auch Leidenschaften nisten sich dort ein. Der Heilige Geist hingegen wirkt mit positiven *logismoí* auf das Herz ein. Ruht der Nous im Herzen, dann wacht er auch über die Entscheidungen des Menschen (Unterscheidung der Geister). Diese Unterscheidung der Geister ist also weniger eine logische *(diánoia)*, sondern eine Heilung des Nous durch Christi reinigenden und erleuchtende Energien. Das Wesen des Herzens ist geheilt, wenn Nous und Gott vereint sind (Theosis). Die Energien des Herzens werden durch Feindesliebe geheilt (Erleuchtung).

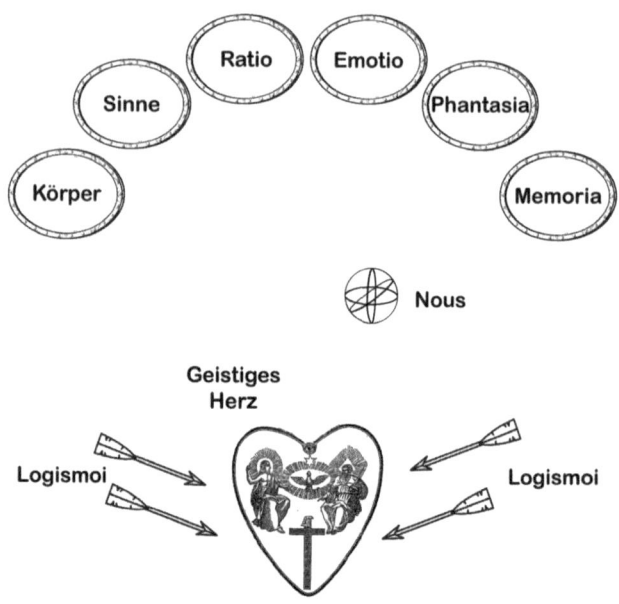

Kataphatisch

In der vorliegenden hesychastischen Anthropologie wird alles naturalistisch-materialistisch Beschreibbare *kataphatisch* genannt. So ist der Körper, seine Biologie und klinische Psychologie (nicht aber die orthodoxe Psychologie!), die Ratio, die Emotionen, die Phantasie und die Memoria gut in Worte zu fassen. Dagegen entziehen sich die apophatischen Begriffe (Nous, Herz, Gott u. dgl.) einer umfassenden Definition. Sie müssen empirisch im noëtischen Gebet erfahren und erforscht werden.

Körper

Der Mensch besteht aus Körper bzw. Leib *(sárx, sôma)* und Seele *(psychê), die eine Einheit bilden.* Diese Einheit wertet das Materielle und den Körper auf, da Gott in Christus *in die Welt* kam (Inkarnation) und damit die sichtbare Welt angenommen und geheiligt hat. Der menschliche Körper ist Tempel des Heiligen Geistes, der im geistigen Herzen wohnt und dort „wie lebendiges Wasser" entspringt. Vereinigt der Mensch sich mit Gott (Theosis), dann ist Gott nicht nur in seinem Herzen, sondern heilt und heiligt alle Seelenbereiche. Ausdrücklich wird auch der physische Körper vergottet. Die Begegnung und Berührung Heiliger hat daher eine heilende Wirkung auf uns.

Leidenschaft

Wird eine Sünde oft begangen, wird sie zu einer besonderen Gewohnheit, die Macht über den Geist *(nous)* gewinnt. Diese Leidenschaft kann nur mühsam wieder entfernt werden und muss „wie ein Biest" am Herzen des Menschen ausgehungert werden, bis es letztlich verhungert. Dies gelingt nur mit der reinigenden Ener-

gie Christi; ist also gnadenhaft. Wie auch im Kampf gegen die Sünde sollte die Leidenschaft nicht in den Mittelpunkt des geistigen Lebens gestellt werden, sondern
die Suche nach Einheit mit Christus im sakramentalen
Leben und noëtischen Gebet (Jesusgebet, Fünf-Punkte-Methode und Feindesliebe).

Logik, siehe *Ratio*

Memoria

Die Erinnerung ist für den Menschen lebensnotwendig
und ermöglicht erst sein Bewusstsein und seine Identität. Sinneseindrücke, Ratio, Emotionen und Phantasie werden oft ineinander verschränkt in der Memoria
abgespeichert und später wieder erinnert. Das Wissen
des rationalen Denkens (naturalistisch-materialistisch)
wird hier abgespeichert. Das empirische apophatische
Wissen über Gott, das man in Erleuchtung und Theosis
gesammelt hat, kann nur stark begrenzt und ungenü-
gend behalten werden.

Metánoia

Die Metanoia bezeichnet die Umkehr zu Gott hin. In der hesychastischen Anthropologie ist mit diesem Begriff vor allem das *Um-Denken* des Nous aus der Bindung an die Welt (die Leidenschaften) und das Versenken in das geistige Herz, in dem der Heilige Geist wohnt, gemeint.

Nous

Dieser Begriff (dt. *Besinnung, Verstand, Vernunft, Denken, Geist*) wurde von den Kirchenvätern auf die verschiedenste Art verwendet. So bezeichnet er in einem Kontext die Seele selbst, in einem anderen das Wesen der Seele, dann wieder die Energie der Seele. In unserem Kontext bezeichnet der Begriff den Teil der Seele, den die Väter auch manchmal *Auge der Seele* genannt haben und der den konzentrierten, bewussten und denkenden Teil des menschlichen Geistes beschreibt. Im NT wurde der Begriff auch als *Sinn* oder *Vermögen geistiger Wahrnehmung* gebraucht. So verwenden wir in diesem Werk konsistent den Ausdruck *Geist* oftmals mit dem Zusatz *(nous)*, um zu betonen, dass damit ein *Terminus technicus* hesychastischer Anthropologie und Theologie gemeint ist. In der Literatur wird er auch manchmal als Ratio oder als *diánoia* und in der

theologischen Literatur nicht selten in einem philosophischen Sinn (Neuplatonismus, Stoiker u. dgl.) verwendet. Dieser Verwendung widersprechen wir aber
in unserem Kontext und differenzieren klar zwischen
beiden.

Der Nous kann bewusst in einen oder mehrere
Seelenbereiche gelenkt werden, er wird aber auch von
ihnen angezogen und beherrscht, falls man ihn nicht
durch Askese erzogen hat. Der gefallene Mensch hat
einen erblindeten Nous, der getrennt ist vom geistigen
Herz. Der geheilte und geheiligte Mensch hingegen hat
einen Nous, der im Herzen ruht. Im hesychastischen
oder noëtischen Gebet wird der Nous gezielt von der
Welt herausgezogen *(metánoia)* und zum Heiligen
Geist, der im Herzen des Getauften weilt, bewegt. So
werden die Energien des Nous durch Christi reinigende Energie und das Wesen des Nous im Herzen durch
Christi erleuchtende Energie geheilt.

Phantasie

Sie ist ein kreativer Seelenbereich des Menschen, der
Ratio und Memoria ergänzt. Auch in der Theologie hat
er seinen zentralen Platz, da die Poetik zumeist besser die theologischen Wahrheiten der Erleuchtung und
Theosis aussprechen kann als die Ratio. Beispiele dafür

sind die poetischen Werke Symeons des Neuen Theologen, aber auch die Gesänge des Oktoich.

Ratio

Ein wichtiger Seelenbereich des Menschen ist die Ratio, das rationale Denken (gr. *diánoia*) oder die Logik.
Darin kann der Mensch Kausalketten durchspielen,
Schlüsse ziehen, berechnen, nachdenken u. dgl. Die
Ratio ist eng verknüpft mit der Memoria und der Phantasie. Auch Sinneseindrücke werden von der Ratio ver-
arbeitet. Die akademische Theologie ist eine materialistische Wissenschaftdisziplin, die versucht, Aussagen
über Gott eben in diesem Seelenbereich zu formulieren. Dies ist auch gerechtfertigt, wenn der Theologe ein
empirisch-apophatisches Wissen im geistigen Herzen
erworben hat – also die Reinigung und Erleuchtung
in Christo durchlebt und das Taborlicht gesehen hat.
Hat der Theologe diese Erfahrung nicht, dann muss
er sich umsichtig an die Erfahrungen der Väter halten.
Völlig losgelöste Spekulation über Gott in der Ratio
hingegen ist *keine* Theologie, sondern religiöse Philosophie. Wichtig ist: Die Ratio kann gewisse Aussagen
über Gott treffen, aber diese bleiben immer Stückwerk.
Daher muss der empirischen Erfahrung Vorrang gegenüber rationaler Spekulation gegeben werden. Auch
ist die Ratio kein Ort der Gottesbegegnung, sondern

nur das Gebet. Die Ratio ist aber unverzichtbar in der Apologetik und der Katechetik, solange sie sich ihrer Grenzen bewusst bleibt.

Seele

Der Mensch besteht aus Körper bzw. Leib *(sárx, sôma)* und Seele *(psychê)*, *die eine Einheit bilden*. Infolge des Falles Adams ist die Seele allerdings erkrankt. Die Seele selbst wird von den Kirchenvätern sehr unterschiedlich beschrieben und lässt sich nicht auf eine Definition reduzieren. In der vorliegenden hesychastischen Anthropologie haben wir einen kataphatischen und einen apophatischen Bereich der Seele – also einen durch die akademische Wissenschaft beschreibbaren und einen unbeschreibbaren – bestimmt. Der Kern des Menschen ist das geistige Herz und der denkende Geist *(nous)*, die als Folge des Falls Adams aber nicht mehr in Einheit leben. Diese Trennung von Nous und Herz ist die Krankheit der Seele, die es im sakramentalen Leben und noëtischen Gebet zu heilen gilt. Lebt der Mensch ohne geistiges Leben, also nur in der materialistischen Welt, dann ist sein Nous auf den kataphatischen Seelenbereich (die sichtbare Welt) begrenzt. Der Seele fehlt dann gerade das Wesentliche: die Tiefendimension im geistigen Herz bzw. die Theosis.

Seelenbereiche

In der vorliegenden hesychastischen Anthropologie wird zwischen einem kataphatischen (begreifbaren, beschreibbaren) und apophatischen (unbegreifbaren, unbeschreibbaren) Bereich der menschlichen Seele unterschieden. Der kataphatische Teil der Seele wird auch *Welt* genannt, da die geschaffene Welt in ihm wahrgenommen und konsumiert wird. Dieser *materialistische Bereich* kann in verschiedene Seelenbereiche differenziert werden, zumindest modellhaft, denn in Realität durchdringen sich diese komplex. Der Nous kann sich jeweils auf einen der Seelenbereiche konzentrieren oder auch von ihnen beeinflusst werden. So werden in der vorliegenden hesychastischen Anthropologie die Seelenbereiche Körper/Biologie, Sinne, Ratio, Emotionen, Phantasie und Memoria/Erinnerung unterschieden.

In den Seelenbereichen ist Gott nicht unmittelbar zu finden, sondern nur im Herzen des Menschen, das ein apophatischer Seelenbereich ist.

Sinne

Die Sinne des Menschen sind ein kataphatischer Seelenbereich in der hesychastischen Anthropologie, der die Wahrnehmung der materiellen Außenwelt umfasst.

Das sind: Sehen, Hören, Riechen, Fühlen und Schmecken.

Sünde

Eine Tat wird Sünde genannt, wenn sie von Gott und
den Menschen trennt. Die Sünde trennt den Geist vom
Gott und den Menschen, d. h. sie ist wie eine Mauer
zwischen Nous und geistigem Herz. Sie zerstört das
gesunde Verhältnis des Menschen zu Gott und den
Mitmenschen, das ursprünglich eine Einheit sein sollte. Die Kirche ist die Einheit von allen geretteten Men-

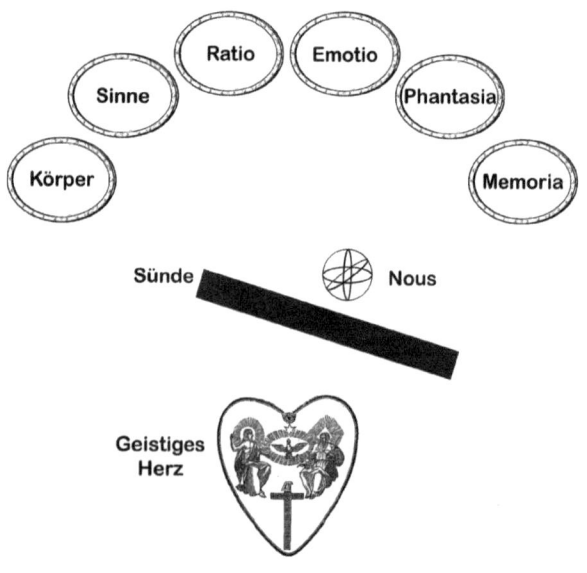

schen mit Christus und damit der Menschen mit der Allerheiligen Trias.

Im Mittelpunkt des Handelns der Menschen darf nicht die Sünde stehen, sondern die Einheit mit Christus (Theosis). Die Sünde selbst ist keine metaphysische Wirklichkeit (kein „Fleck auf einer unsichtbaren weißen Weste"), sondern eher ein Fesseln des Nous an die sichtbare Welt. Um Sünden zu überwinden, ist ein sakramentales Leben und das *Streben nach Einheit* mit Christus (Jesusgebet, Fünf-Punkte-Methode und Feindesliebe) umzusetzen und *nicht* ein engstirniges und kurzatmiges *Ankämpfen gegen die Sünde*.

Hl. Joseph der Hesychast

Hl. Sophronij von Essex

Hl. Ephraim von Katounakia

„Hast du Gehorsam? Dann hast du Gebet!"